БИБЛІОТЕКА СВОБОДНАГО ВОСПИТАНІЯ И ОБРАЗОВАНІЯ
И ЗАЩИТЫ ДѢТЕЙ.

Подъ редакціей И. Горбунова-Посадова.

===== ВЫПУСКЪ ЧЕТЫРНАДЦАТЫЙ. =====

ТРАГЕДІЯ ДѢТСКОЙ ДУШИ.

ОЧЕРКИ
Ю. А. Веселовскаго.

СОДЕРЖАНІЕ:

Жертвы холоднаго и жестокаго обращенія.—Вліяніе дурного примѣра и порча дѣтской души.—Сироты, не носящія траурнаго платья.—Голодныя и забитыя дѣти.—Трагедіи школьнаго міра.—Мечты о новомъ воспитаніи.

Типо-литографія Т-ва И. Н. КУШНЕРЕВЪ и К°. Пименовская ул., соб. д.
Москва—1907.

СВОБОДНОЕ ВОСПИТАНІЕ и ОБРАЗОВАНІЕ.

Подъ редакціей И. Горбунова-Посадова.

Выпускъ I. **Современное воспитаніе и новые пути.** По Эльсландеру составилъ **М. М. Клечковскій**. Изданіе 2-е. Ц. 40 к.

Выпускъ II. **Воспитаніе, основанное на психологіи ребенка. П. Лакомба.** Переводъ съ французскаго А. Юргенсъ. Изданіе 2-ое. Ц. 30 к.

Выпускъ III. **Л. Н. Толстой, какъ школьный учитель. Э. Кросби**. Переводъ съ англійскаго. Съ новыми письмами Л. Н. Толстого. Ц. 40 к.

Выпускъ IV. **Освобожденіе ребенка. К. Н. Вентцеля.** Ц. 10 к.

Выпускъ V. **Дѣтская страда**. Педагогическіе очер. **В. Е. Ермилова**. Ц. 20 к. Содержаніе: За утро — казнь! (Экзамены.) — Въ защиту "малыхъ сихъ". — Школьная Ѳемида. (О балахъ.) — Муки памяти. (Зубренье.)

Выпускъ VI. **Борьба за свободную школу. К. Н. Вентцеля**. Ц. 85 к.

Выпускъ VII. **Новый путь художественнаго воспитанія юношества и дѣтей**. Руководство къ одновременному воспитанію руки, глаза и ума. Составилъ **Либерти Таддъ**, директоръ народной художественно-промышленной школы. Содержаніе: Основы нашего художественнаго воспитанія. Ловкость руки. Рисованіе. Лѣпка. Рѣзьба по дереву. Примѣненіе на практикѣ художественной работы и ловкости рукъ. Изученіе природы. Со многими рисунками, снимками съ моделей, образцами работъ и т. д. Ц. 1 р. 50 к.

Выпускъ VIII. **Обязанности матери**. О половой педагог. **В. Штиль**. Ц. 20 к.

Выпускъ IX. **Въ школьной тюрьмѣ**. Испов. учен. **С. Н. Дурылина**. Ц. 15 к.

Выпускъ X. **Какъ создать свободную школу**. (Домъ свободнаго ребенка.) **К. Н. Вентцеля**. Ц. 15 к.

Выпускъ XI. **Школа и общество. Джона Дьюи**, профессора педагогики. Переводъ съ англійскаго. Съ рисунками. Ц. 30 к.

Выпускъ XII. **О просвѣщеніи — воспитаніи и объ образованіи — обученіи**. Избранныя мысли **Л. Н. Толстого**. Ц. 35 к. Содержаніе: Истинныя основы воспитанія. — Школа, какъ отвѣтъ на дѣтскіе запросы. — Свобода и насиліе въ школѣ. — Идеалъ гармоніи въ воспитаніи. — Религіозное воспитаніе. — Мысли объ обученіи.

Выпускъ XIII. **Дѣтская душа.** (Въ кадетскомъ корпусѣ.) Разсказъ **Поль Маргеритъ**. Переводъ М. В. Веселовской. Ц. 15 к.

Выпускъ XIV. **Трагедія дѣтской души**. Очерки **Ю. А. Веселовскаго**. Содержаніе: Жертвы жестокаго и холоднаго обращенія. — Вліяніе дурного примѣра и порча дѣтской души. — Сироты, не носящія траурнаго платья. — Голодныя и забитыя дѣти. — Трагедіи школьнаго міра. — Мечты о новомъ воспитаніи.

Выпускъ XV. **Наглядная геометрія**. Пособіе для обученія и самообученія. **Вильяма Кемпбеля**, преподавателя математики въ Бостонской школѣ. Съ введеніемъ **А. Филлипса**, профессора математики, и съ болѣе чѣмъ 300 рисунками и чертежами. Переводъ съ англ. Е. И. Попова.

Выпускъ XVI. **Дѣти пролетаріата. Отто Рюле**. Переводъ М. В. Веселовской. Съ предисловіемъ Ю. А. Веселовскаго. Содержаніе: Эксплоатація дѣтскаго труда. — Дѣти фабричныхъ работницъ. — Дѣтская проституція. Жертвы "попеченія о дѣтяхъ". — Дѣти преступники. — Дѣтскія самоубійства.

Выпускъ XVIII. **Клубы мальчиковъ въ Стокгольмѣ. С. Орловскаго**. Ц. 15 к.

Выпускъ XX. **Дѣти — работники будущаго**. Первая книга общества "Сетлементъ". Составилъ **С. Т. Шацкій**. Со вступительной статьей А. У. Зеленко.

Изданія "Свободнаго воспитанія и образованія" и "Библіотеки Горбунова-Посадова для дѣтей и для юношества" можно выписывать изъ главнаго склада издательства: Москва, Дѣвичье поле, Трубецкой пер., д. 10, изъ книжнаго магазина "Посредникъ" (Москва, Петровскія линіи) и изъ всѣхъ книжныхъ магазиновъ.

Адресъ редакціи и главной конторы этихъ издательствъ: Москва, Дѣвичье поле, Трубецкой пер., д. Осиповыхъ, И. И. Горбунову.

БИБЛІОТЕКА СВОБОДНАГО ВОСПИТАНІЯ И ОБРАЗОВАНІЯ И ЗАЩИТЫ ДѢТЕЙ.

Подъ редакціей И. ГОРБУНОВА-ПОСАДОВА.

ВЫПУСКЪ ЧЕТЫРНАДЦАТЫЙ.

Ю. Веселовскій.

ТРАГЕДІЯ ДѢТСКОЙ ДУШИ.

Типо-литогр. Т-ва И. Н. Кушнеревъ и К⁰, Пименовская ул., соб. д.

МОСКВА—1908.

«Нѣтъ повѣсти печальнѣе на свѣтѣ», чѣмъ повѣсть о страданіяхъ и первыхъ разочарованіяхъ дѣтей, преждевременно знакомящихся съ неприкрашенною дѣйствительностью съ неприглядною изнанкою жизни, выносящихъ жестокое или пренебрежительное обращеніе старшихъ, уродуемыхъ дикимъ и безсмысленнымъ воспитаніемъ, принужденныхъ терпѣть нужду и лишенія, или задыхаться въ тискахъ школьной рутины, съ ея формализмомъ, узостью и гнетомъ! «Горе ребенка часто бываетъ даже глубже и безутѣшнѣе, чѣмъ горе взрослаго», говоритъ одна современная нѣмецкая писательница. «Въ маленькой душѣ, подъ вліяніемъ горя, тотчасъ же наступаетъ темная ночь, безъ надежды на утреннюю зарю...»

Въ водоворотѣ современной жизни, съ ея захватывающими, боевыми вопросами, обиліемъ жгучихъ, наболѣвшихъ нуждъ, бурными и потрясающими событіями, мы иногда способны временно забывать обо всемъ этомъ, словно не сознавая, какъ важно для каждаго общества и народа, и въ любой историческій моментъ, — позаботиться о подрастающемъ поколѣніи, объ его счастьѣ, здоровьѣ, умственномъ развитіи, сдѣлать такъ, чтобы ему жилось въ дѣтствѣ лучше, чѣмъ жили предыдущія поколѣнія, чтобы оно могло развиваться свободно и безпрепятственно, встрѣчая поддержку и участіе—вмѣсто деспотическаго гнета и чисто формальнаго отношенія. Тѣмъ важнѣе заслуги писателей, которые, вопреки всему, постоянно напоминаютъ современному обществу о томъ, что выносятъ дѣти; которые стараются проникнуть въ тайники дѣтской души, останавливаются на ненормальныхъ особенностяхъ существующаго порядка вещей, гибельно отзывающихся на маленькихъ, ни въ чемъ не повинныхъ существахъ, борются со старою школою, обличаютъ тѣхъ, кто равнодушно проходитъ мимо дѣтскихъ страданій, думая только о своемъ благополучіи!..

Въ новѣйшей европейской литературѣ намъ все чаще приходится сталкиваться съ отдѣльными примѣрами подобнаго внимательнаго, осмысленнаго изученія душевнаго міра дѣтей, ихъ нуждъ, порывовъ, своеобразной работы мысли. Выдающаяся роль принадлежитъ при этомъ не только педагогамъ по профессіи или авторамъ теоретическихъ изслѣдованій, посвященныхъ дѣтской психологіи и педагогическимъ вопросамъ, но также беллетристамъ, драматургамъ, художникамъ слова, которые обрисовываютъ ощущенія, мысли и страданія дѣтей совсѣмъ по другому, чѣмъ это дѣлалось раньше.

Очень много заслугъ имѣетъ въ данномъ случаѣ новѣйшая французская беллетристика, относительно которой у насъ прочно установилось мнѣніе, будто творчество большинства ея современныхъ представителей совершенно лишено идейной основы, не имѣетъ ничего общаго съ широкими, животрепещущими вопросами, вращается, главнымъ образомъ около изображенія супружеской невѣрности и свободной любви. Это мнѣніе вообще можетъ быть принято только съ очень большими оговорками. Если въ современной французской поэзіи идейный элементъ, дѣйствительно, играетъ самую ничтожную роль, и оригинальность формы, настроеніе, фантазія ставятся гораздо выше, нельзя сказать того же о романѣ и особенно—о драмѣ. Можно было бы сейчасъ же назвать длинный рядъ произведеній, въ которыхъ затронуты весьма интересные вопросы, проведены гуманныя, культурныя и передовыя идеи. Невольно вспоминаются имена Золя, Рони, Рода, Кюреля, Мирбо, Экара, Эрвьё, Бріэ, Анатоля Франса и мн. др. Если мы возьмемъ, напр., такую спеціальную тему, какъ вопросъ о покровительствѣ животнымъ и борьбѣ съ ихъ угнетеніемъ и истязаніемъ, то въ десяткахъ произведеній различныхъ авторовъ мы найдемъ весьма яркія и красноречивыя страницы, посвященныя этому вопросу, проникнутыя гуманнымъ отношеніемъ къ живымъ существамъ, надъ которыми изощряются злоба и мстительность людская. То же самое впечатлѣніе получится, если мы бросимъ взглядъ на то, что сдѣлано современными французскими авторами для изображенія дѣтскаго міра, участи дѣтей, ихъ отношенія къ взрослымъ, того вліянія, какое на нихъ оказываютъ различныя условія общественной жизни или недостатки семейнаго строя.

Что касается нѣмецкой беллетристики, то въ произведеніяхъ Гауптмана, Габріэль Рейтеръ, Вассермана, Эмиля Марріотъ, Вильденбруха, г-жи Яничекъ, Лангмана, Клары Фибихъ и многихъ другихъ мы найдемъ богатый матеріалъ, интересный не только для обыкновеннаго читателя и цѣнителя словесности, но и для психолога или педагога, который можетъ многое извлечь изъ этихъ опытовъ угадыванія и художественнаго возсозданія всего, что таится въ дѣтской душѣ. Нѣсколько иначе обстоитъ дѣло съ англійскою беллетристикою; извѣстно, что она гораздо рѣже и осторожнѣе затрогиваетъ всѣ сколько-нибудь щекотливые вопросы, что она обходитъ молчаніемъ многія житейскія явленія и, желая избѣгнуть крайностей натурализма, иногда слишкомъ уклоняется въ противоположную сторону, рискуя стать чопорной или же черезчуръ наивной, далекой отъ реальной жизни. Подобное положеніе вещей должно было, конечно, отразиться и на обрисовкѣ англійскими беллетристами дѣтскаго міра... Несомнѣнно, что въ данномъ случаѣ весьма интересенъ между прочимъ вопросъ о судьбѣ дѣтей во время распрей и столкновеній между ихъ родителями, о вліяніи на ихъ участь развода или даже временнаго разрыва, дѣлающаго ихъ отца и мать врагами или, по крайней мѣрѣ, чужими другъ для друга людьми; о положеніи внѣбрачныхъ дѣтей, о развращающемъ дѣйствіи дурного примѣра и т. п. Между тѣмъ, средній уровень англійскихъ беллетристовъ подходитъ ко всѣмъ подобнымъ темамъ съ крайнею осторожностью, тщательно избѣгая черезчуръ реальныхъ деталей, постоянно чего-то не договаривая... Но и въ сферѣ англійскаго романа и повѣсти можно отмѣтить отдѣльныя попытки правдиво обрисовать, по крайней мѣрѣ, нѣкоторыя стороны дѣтской жизни и психологіи: въ частности холодное, сухое, чисто формальное обращеніе съ дѣтьми, а также стремленіе прививать имъ различные предразсудки и узкіе, отсталые взгляды было довольно ярко изображено нѣкоторыми англійскими беллетристами нашихъ дней.

Въ одномъ берлинскомъ журналѣ напечатана была осенью 1901 года интересная статья I. Порицкаго: «Ребенокъ во всемірной литературѣ». Авторъ этой статьи отмѣчаетъ рѣзкую противоположность между тѣмъ, какъ прежде изображали въ литературныхъ произведеніяхъ дѣтскую психологію и какъ ее изображаютъ въ наши дни, когда многое стали себѣ объяснять по другому, и то, что казалось раньше забавнымъ, не серьезнымъ или безпричиннымъ, вдругъ представилось въ совершенно иномъ свѣтѣ, какъ нѣчто высоко любопытное, достойное стать предметомъ тонкаго, вдумчиваго анализа.

Критикъ бросаетъ взглядъ на творчество корифеевъ

міровой литературы, начиная съ античныхъ писателей, беретъ примѣры изъ сочиненій Шекспира, Шиллера, Гёте и мн. др., и наглядно показываетъ, какъ иногда крупные, безусловно выдающіеся умы, прекрасно возсоздававшіе психологію взрослыхъ людей, со всѣми ея оттѣнками и тонкостями, отнюдь не были въ состояніи такъ же правдиво и художественно обрисовать внутренній міръ ребенка. Дѣти зачастую надѣлялись у нихъ мыслями и ощущеніями взрослыхъ, были, въ ихъ изображеніи, какъ бы сколкомъ или подобіемъ послѣднихъ или же, наоборотъ, разсматривались, какъ милыя, безобидныя, забавныя существа, тогда какъ ихъ страданія, горести, смутныя догадки, разочарованія,—все это оставалось въ тѣни, точно ускользало отъ взора писателей. Только въ наши дни литература, хотя и представленная менѣе крупными и яркими талантами, чѣмъ въ былое время, стала по другому изображать тотъ своеобразный міръ, который получилъ правильное освѣщеніе въ трудахъ спеціалистовъ, въ изслѣдованіяхъ педагоговъ, психологовъ, медиковъ. Вмѣсто изящныхъ куколъ или маленькихъ старичковъ выступили на сцену существа, достойныя самаго живого интереса и глубокаго сочувствія съ нашей стороны, дѣти, которымъ часто не достаетъ солнечнаго свѣта и хлѣба, но у которыхъ, какъ и у насъ, есть мозгъ, работающій въ различныхъ направленіяхъ,—дѣти, размышляющія обо всемъ, что имъ пришлось узнать на опытѣ.

Съ большимъ интересомъ читается также небольшой этюдъ Ансельма (Зельмы) Гейне «Эмансипація ребенка въ литературѣ», тѣсно связанный съ занимающимъ насъ въ данную минуту вопросомъ. Ограничивая, къ сожалѣнію, свой обзоръ произведеніями только трехъ современныхъ авторовъ,—Ансельмъ Гейне проводитъ вначалѣ мысль, что, хотя и раньше дѣтская психологія неоднократно обрисовывалась, притомъ съ пяти различныхъ точекъ зрѣнія, по нашему времени принадлежитъ все же честь установленія совершенно новаго взгляда на ребенка, какъ на самобытное, вполнѣ своеобразное существо, которое нужно изучать an und für sich. «Ребенокъ господствуетъ надъ нашимъ временемъ и надъ его зеркаломъ—литературою! Его, положительно, вновь открыли, какъ нѣсколько десятилѣтій тому назадъ «открыли» женщину,—ту женщину, которая не является только «эпизодомъ изъ жизни мужчины»!.. Ребенокъ въ литературѣ до сихъ поръ тоже былъ какъ бы эпизодомъ изъ жизни взрослаго человѣка! Послѣднія стадіи этого взгляда еще не вполнѣ пережиты, но всюду сказываются уже признаки перемѣны къ лучшему. Даже тамъ, гдѣ съ внѣшней стороны сохраняется зависимость отъ точки зрѣнія взрослыхъ, изображеніе дѣтской души развивается съ такой интенсивностью, что уже въ этомъ одномъ заключается нѣчто новое». «Эмансипація ребенка началась», читаемъ мы въ самомъ концѣ статьи.

Бросить взглядъ на нѣкоторыя проявленія этой «эмансипаціи ребенка» въ области литературы, показать на отдѣльныхъ, болѣе или менѣе яркихъ и характерныхъ примѣрахъ, сколько было сдѣлано въ этомъ направленіи современными писателями, пусть будетъ цѣлью этихъ очерковъ, которые посвящаются всѣмъ тѣмъ, кто любитъ дѣтей, жалѣетъ ихъ, задумывается надъ ихъ участью, мечтаетъ о новомъ, болѣе разумномъ воспитаніи, о школѣ будущаго, борется, насколько хватаетъ силъ, съ ненавистною рутиною, схоластикой и гнетомъ.

I.

«Что дѣлать? Всѣ дѣти не могутъ быть сиротами!» Какая страшная, полная глубокаго трагизма фраза! И между тѣмъ эту фразу произноситъ маленькій мальчикъ, герой романа «Poil de Carotte» Жюля Ренара, въ устахъ котораго она производитъ особенно сильное и грустное впечатлѣніе. Эта странная, мѣстами грубовато, рѣзко написанная книга, безусловно заслуживаетъ вниманія. Ренаръ правдиво обрисовываетъ, иногда въ шутливой формѣ, плохо маскирующей, однако, грустныя житейскія явленія, участь мальчика, нелюбимаго въ семьѣ, отчасти за его некрасивую внѣшность, въ которой онъ неповиненъ, отчасти за тѣ шалости и проказы, которыя ему неукоснительно ставятся въ вину, безъ всякаго снисхожденія. Мать бѣднаго Poil de Carotte относится къ нему не только холодно, но прямо враждебно, говоритъ о немъ всегда пренебрежительно, придумываетъ для него не столько мучительныя, сколько обидныя наказанія, даетъ ему самыя трудныя и непріятныя порученія. Другимъ своимъ дѣтямъ, Феликсу и Эрнестинѣ, она явно отдаетъ предпочтеніе и третируетъ въ угоду имъ младшаго сына. Это анти-педагогическое явленіе, кстати сказать, обрисовывается довольно часто въ современной французской беллетристикѣ: такъ, главная героиня романа братьевъ Маргеритъ «Новыя женщины» всегда ставится пристрастными родителями ниже ея безпутнаго шалопая брата. Когда

Poil de Carotte наказываютъ, Феликсъ и Эрнестина подчасъ смѣются, возмущаясь, какъ примѣрныя дѣти, его глупостью или непослушаніемъ. Онъ ранитъ себѣ однажды голову заступомъ; черезъ нѣсколько минутъ всѣ уже суетятся, но не около него, а около брата Феликса, который, оказывается, чуть не упалъ въ обморокъ при видѣ этой раны... Всѣ лучшіе куски за обѣдомъ обыкновенно минуютъ мальчика. То же самое происходитъ и при распредѣленіи подарковъ; ему достается то, что никому не нужно! Въ одномъ случаѣ ему предлагаютъ выбрать, какой изъ двухъ подарковъ онъ хочетъ имѣть,—барабанъ или пистолетъ; онъ говоритъ наудачу «пистолетъ», думая этимъ угодить, хотя самъ предпочелъ бы получить первую игрушку; потомъ спохватывается, вспомнивъ, что Феликсъ любитъ какъ разъ пистолеты и заявляетъ, что онъ ошибся, сказалъ не то, что думалъ. «Въ наказаніе за ложь» мать его, г-жа Лепикъ, постановляетъ—не дать ему на этотъ разъ никакого подарка. Разъ онъ устраиваетъ вмѣстѣ съ сосѣдской дѣвочкою игру «въ свадьбу»; Эрнестина бѣжитъ къ матери, чтобы съ негодованіемъ разсказать ей объ этой новой и неумѣстной, какъ ей кажется, игрѣ; дѣти, дѣйствительно, получаютъ строгій нагоняй, и вполнѣ невинная игра запрещается какъ что-то ужасное!

Нужно ли говорить, что побои или, по крайней мѣрѣ, обильные шлепки составляютъ одинъ изъ главныхъ педагогическихъ пріемовъ г-жи Лепикъ по отношенію къ нелюбимому сыну? Мальчикъ постепенно привыкаетъ къ нимъ. Мать его въ одномъ случаѣ возмущается тѣмъ, что онъ сталъ какимъ-то индифферентнымъ: «онъ даже не плачетъ, когда даешь ему пощечину». Бѣдный пасынокъ судьбы очень рано начинаетъ скептически относиться къ своей матери и ея мнимой любви къ нему. «Если вы хотите угодить моей матери»,—говоритъ онъ прислугѣ, «отзывайтесь дурно обо мнѣ». Наконецъ, онъ отваживается даже, улучивъ удобный моментъ, сказать своему отцу, съ чисто дѣтскою важностью: «дорогой отецъ, я долго колебался, говорить ли тебѣ, но надо съ этимъ покончить: я не люблю маму».

Немногимъ лучше положеніе Реймона Мартеля, главнаго героя романа «Душа одного ребенка» Жана Экара, котораго намъ неоднократно придется касаться, какъ одной изъ наиболѣе интересныхъ книгъ, затрогивающихъ въ беллетристической формѣ вопросы воспитанія. У его колыбели, какъ мы узнаемъ, не было занавѣсокъ,—тѣхъ занавѣсокъ, которыя должны предохранять ребенка отъ преждевременныхъ угрозъ окружающаго міра. Эта маленькая, незначительная подробность весьма характерна, однако, для того воспитанія, которое получилъ Реймонъ. Отецъ старался съ раннихъ лѣтъ знакомить его съ печальными сторонами жизни, запрещалъ матери баловать его, нарочно дарилъ ему плохія игрушки. «Мальчикъ слишкомъ изнѣженъ», говорилъ онъ нерѣдко своей женѣ. «Объясни ему, какъ можно раньше, что онъ не долженъ ожидать ничего хорошаго отъ жизни». Авторъ сопровождаетъ эти слова слѣдующимъ комментаріемъ: «ужасная теорія, способная разрушить всякую беззаботность и веселье... самая ненавистная изъ всѣхъ формулъ воспитанія!»

Когда послѣ смерти матери Реймона, добродушной, но слабохарактерной женщины, отецъ его женится во второй разъ, положеніе мальчика становится еще хуже. Мачеха относится къ нему на первыхъ порахъ сносно, никогда не выказывая ему, однако, никакой нѣжности; съ теченіемъ времени ея обращеніе становится все болѣе рѣзкимъ и придирчивымъ. Какъ нарочно, у нея есть дѣти отъ перваго брака, «новые братья» Реймона, которые вскорѣ становятся въ оппозицію къ нему и, видимо, тяготятся его присутствіемъ. При каждомъ столкновеніи первая фраза, которая имъ приходитъ въ голову это: «мы пожалуемся нашей мамѣ». При видѣ всего этого мальчикъ впервые сознаетъ съ особенною опредѣленностью, чего онъ лишился со смертью родной матери. Онъ часто плачетъ, вспоминая о прошломъ... Разъ за какую-то оплошность или неловкость мачеха даетъ ему пощечину. Эта обида производитъ на него такое потрясающее впечатлѣніе, что онъ убѣгаетъ изъ дому и долго блуждаетъ безъ цѣли, не желая возвращаться туда, гдѣ его только терпятъ.

«Къ чему упорно настаивать на томъ, будто страданія, выносимыя дѣтьми, принадлежатъ всегда къ категоріи того, что мы называемъ пренебрежительно *ребяческими горестями*?—говоритъ авторъ.—Дѣти могутъ иногда испытывать безысходное отчаяніе. Между тѣмъ, именно дѣтей мы могли бы безъ труда сдѣлать счастливыми; мы могли бы, по крайней мѣрѣ, легко устранить изъ общей суммы ихъ страданій тѣ, которыя мы сами имъ причиняемъ».

Герой романа Поля Брюля «Подъ грубой оболочкой» Рене, считавшійся красавцемъ и умнымъ мальчикомъ, предметъ гордости родителей и всей семьи, неожиданно дѣлается уродомъ, такъ какъ получаетъ страшные, оставляющіе слѣдъ на всю жизнь обжоги лица, спасая знакомую и симпатичную ему дѣвочку изъ пламени, охватившаго домъ ея родителей. Тотчасъ же отношеніе къ нему родителей мѣняется: его лицо, превратившееся въ сплошную рану, внушаетъ имъ лишь отвращеніе... Рене случайно узнаетъ, какъ смотрятъ родители на постигшее его несчастіе.

«Однажды вечеромъ я затихъ, закрывъ глаза. Я слышалъ, какъ мои родители бесѣдовали въ сосѣдней комнатѣ. Разговоръ шел обо мнѣ, и я весь обратился въ слухъ.

— «Онъ спитъ,—говорила моя мать.
— «Ты увѣрена?
— «Да... Ахъ, бѣдный ребенокъ! Какое несчастье!
— «Какая ужасная игра судьбы!
— «Нашъ Ренс былъ такъ красивъ!
— «Увы!
— «Въ концѣ концовъ,—сказала моя мать,—можно утѣшиться только тѣмъ, что мы окружены такимъ учатіемъ. Семья Главо и самъ помощникъ префекта присылали узнавать объ его здоровьѣ.
— «Ахъ, помощникъ префекта?
— «Да.
— «Какъ это мило!
— «Да, это трогательно.

Произошла пауза.

— «Онъ все еще спитъ?—спросилъ отецъ.
— «Да... О! Ему гораздо лучше. Докторъ сегодня утромъ снова повторилъ мнѣ, что онъ спасенъ.
— «Несчастье отъ того не меньше,—отвѣчалъ мой отецъ.—Знаешь, что я скажу тебѣ: *я предпочелъ бы чтобы онъ умеръ!*
— «Ахъ, мой другъ...
— «Да,—снова заговорилъ отецъ,—это было бы лучше, такъ какъ что съ нимъ будетъ, если онъ останется такимъ безобразнымъ, какъ теперь?
— «Можетъ-быть, со временемъ...
— «Никогда.
— «За нимъ всегда останется умъ, образованіе,— сказала моя мать.—Съ этимъ мужчина всегда проживетъ.
— «Нѣтъ, надо смотрѣть на вещи, какъ онѣ есть,— отвѣчалъ мой отецъ.—Это будетъ уродъ, который за-

ставитъ насъ стыдиться передъ всѣми, и мы не осмѣ-
лимся его показывать. Не забывай, что у насъ двѣ до-
чери-невѣсты... Ты понимаешь, мы не можемъ никого
принять... Самое лучшее было бы удалить его.

— «Куда?

— «Я думалъ объ этомъ... Конечно, можно было бы
помѣстить его живущимъ въ лицей, немного подальше,
если, впрочемъ, захотятъ его принять. Такимъ образомъ
онъ будетъ у насъ только во время лѣтнихъ каникулъ...
Что ты объ этомъ думаешь?

— «По крайней мѣрѣ, надо подождать, чтобъ онъ вполнѣ поправился.

— «Конечно.

Новая пауза.

— «Пойди, взгляни на него,—сказалъ отецъ.

Мать вошла въ мою комнату. Мои глаза были широко
раскрыты и устремлены на нее.

— «Ты не спишь,—сказала она.—Какъ ты на меня
смотришь! Что съ тобой?.. Можетъ-быть, мы, разговаривая, разбудили тебя? Ты слышалъ?

Я закрылъ глаза, не отвѣчая.

— «Вотъ такъ, засни, мой милый,—сказала она.—
Завтра ты встанешь, докторъ позволилъ.

«Это была ночь жестокой безсонницы. Я размышлялъ
о томъ, что слышалъ, и къ физическому страданію прибавлялось еще моральное,—печальное ощущеніе потерпѣвшаго кораблекрушеніе, чувствующаго вокругъ себя
весь міръ—и одиночество безконечныхъ пространствъ...
Это чувство еще возросло, осложнилось удивленіемъ,
когда я въ первый разъ увидѣлъ въ зеркалѣ ужасную
маску, носить которую я былъ приговоренъ всю жизнь.
Мой собственный видъ внушалъ мнѣ ужасъ. Мнѣ казалось, что одна изъ тѣхъ злыхъ фей, о которыхъ говорится въ дѣтскихъ сказкахъ, коснулась моего лица своею

пагубною, зловѣщею рукой, чтобы меня навсегда отдать во власть несчастью. Я предавался слезамъ.

«Моя няня, Ноэми, одѣвая меня, взяла меня за руку и повела въ кухню.

«Въ этотъ день мои родители ждали гостей къ завтраку. *За столомъ моего прибора не было.*

«Моя мать сказала Ноэми:

— «Рене сегодня позавтракаетъ у васъ въ кухнѣ.

«Съ этихъ поръ, каждый разъ, какъ у насъ были гости, я обѣдалъ съ прислугой!..

«Я никогда не входилъ въ гостиную, если тамъ были чужіе. Мать говорила теперь, что это не мѣсто для дѣтей. Однако туда водили моихъ сестеръ, въ особенности, когда тамъ находились Главо! Старшій изъ сыновей Главо ухаживалъ за Генріэттой, которой исполнилось шестнадцать лѣтъ. Мнѣ казалось, что мои родители мечтали объ этомъ бракѣ: они дѣлали намеки...

«Въ ожиданіи приготовляли приданое Генріэттѣ, увеличивая сбереженія, уменьшая жалованье прислугѣ.

«Я чувствовалъ себя преградою для моей семьи. Да, я былъ лишнимъ въ домѣ, мое присутствіе смущало, было въ тягость. За столомъ никто не обращался ко мнѣ, точно я не существовалъ. Теперь меня не останавливали, видя, что я все время торчалъ въ кухнѣ; напротивъ, меня отсылали туда; я проводилъ тамъ цѣлые дни, и кончилось тѣмъ, что я всегда обѣдалъ тамъ. Ласки, заботы, всѣ надежды перешли на моихъ сестеръ. Не было больше разговора о моемъ будущемъ. Даже наша собака, Томъ, была предметомъ большей нѣжности. Правда, что Томъ передавалъ мнѣ всю эту нѣжность; онъ лизалъ мнѣ руки, я игралъ съ нимъ, и онъ былъ моимъ товарищемъ, когда моя добрая Ноэми была занята своей работой. И его добрые глаза животнаго, устремленные на меня, сострадательные и грустные, отличались большею человѣчностью, чѣмъ глаза людей»... [1])

«Мое раннее дѣтство оставило очень мало слѣдовъ въ моей памяти», читаемъ мы въ романѣ «Исторія одной души» нѣмецкой беллетристки г-жи Гедвигъ Домъ, задавшейся цѣлью изобразить въ трилогіи «три поколѣнія» постепенную выработку типа новой женщины въ германскомъ мірѣ на протяженіи нѣсколькихъ десятилѣтій. «Когда я вспоминаю прошлое, только отдѣльныя свѣтлыя точки выдѣляются среди тумана,—маленькія событія, вѣроятно, особенно сильно повліявшія на мой умъ... Мои первыя воспоминанія связаны съ тревогою и страхомъ. Цѣпная собака на дворѣ,—черный Неронъ,—лавочница, у которой покупала прислуга, водившая меня за руку, и которая увѣряла, что вырѣжетъ у меня изъ головы мои черные глаза, и... моя мать. Я боялась моей матери. Сколько я себя помню, этотъ страхъ тяжелымъ бременемъ давилъ мою грудь». Далѣе героиня романа, гдѣ разсказъ ведется въ первомъ лицѣ, вспоминаетъ нѣсколько мелкихъ деталей, проливающихъ свѣтъ на то, что ей приходилось выносить въ дѣтствѣ, не встрѣчая настоящей поддержки, участія, даже простого пониманія со стороны матери. Этотъ разладъ проявлялся даже въ мелочахъ. Однажды горничная купила дѣвочкѣ у какого-то уличнаго тряпичника кусокъ краснаго стекла, приведшій маленькую Марлену въ восторгъ, такъ какъ ей нравилось наводить это стекло на окружающіе предметы и видѣть ихъ какъ бы преображенными, принявшими радостный, праздничный обликъ.

«Я берегла мое красное сокровище, какъ драгоцѣнную тайну, особенно—отъ моихъ братьевъ и сестеръ... Разъ моя мать была въ сердитомъ настроеніи и разбранила

---

[1]) Переводъ М. В. Веселовской („Вѣстникъ Воспитанія", 1904).

меня, не помню теперь, за что именно. Я не могла устоять противъ желанія посмотрѣть на нее черезъ красное стекло, зная, что оно все дѣлаетъ красивымъ... Мать моя, не подозрѣвавшая, конечно, что это было «волшебное стекло», выбила его у меня изъ рукъ. Оно разбилось... За свою мнимую дерзость я была жестоко наказана розгами. До моего маленькаго разбитаго сердца никому не было никакого дѣла».

Мать Марлены была всецѣло занята хозяйствомъ, составлявшимъ ея настоящую стихію. Значительную часть дня она проводила въ домашнемъ туалетѣ, съ засученными рукавами, постоянно бѣгая на кухню, лично мѣся иногда тѣсто, распекая прислугъ, съ какимъ-то наслажденіемъ ловя ихъ на мѣстѣ преступленія, оглашая квартиру бранью и шумомъ, стараясь доказать, что всѣ ее обкрадываютъ и обманываютъ. О дѣтяхъ она думала гораздо меньше и четырехлѣтней дѣвочкѣ уже поручила заботиться о младшихъ сестрахъ или братьяхъ и укачивать ихъ. Изъ-за денегъ на хозяйственные расходы у ней происходили споры и перебранки съ мужемъ—въ присутствіи дѣтей! Въ обращеніи съ дѣтьми, особенно съ Марленой, она допускала брань и побои, не думая о томъ, какъ это можетъ дѣйствовать на дѣтскую душу. Когда дѣвочка слышала отъ нея грубыя, вульгарныя выраженія, сердитый окрикъ, она какъ-то инстинктивно съеживалась и втягивала голову въ плечи, точно ее били: «мнѣ было стыдно, что такъ говорила моя мать». «Моя замученная дѣтская душа не была вполнѣ свободна отъ мстительныхъ инстинктовъ по отношенію къ моей матери. И все же я никогда не желала ей зла, не хотѣла ей дѣлать ничего дурного!»

Дѣвочка въ подобныхъ случаяхъ отдавалась только фантастическимъ снамъ и мечтамъ, ища въ нихъ утѣшенія. Ей представлялось, что ее ждетъ завидная участь, что, подобно сказочной принцессѣ, она перейдетъ отъ страданій и униженій къ блеску и счастью — и ея мать будетъ посрамлена, увидѣвъ, что ея дочь, которую она не оцѣнила въ свое время по заслугамъ, подъѣзжаетъ къ ея дому въ золоченой каретѣ, запряженной шестью лошадьми... Только въ исключительныхъ случаяхъ дѣло не ограничивалось у бѣдной Марлены такими наивными грезами о торжествѣ справедливости и воздушными замками, въ которыхъ отражались ея разочарованія и чисто дѣтскій протестъ: «Ужасно было, когда мать *била меня тростью*, что время отъ времени все же случалось; тогда мною овладѣвало дикое, страшное возбужденіе. Для меня уже недостаточно было горящихъ угольевъ посрамленія, сыплющихся на голову матери, или наказаній, которыя совершались только во снѣ... Въ какомъ-то мрачномъ паѳосѣ я смѣшивала сны и дѣйствительность. Въ холодные зимніе вечера, прежде чѣмъ лечь въ постель, я подходила въ одной рубашкѣ къ открытому окну и обнажала грудь, отдавая ее во власть холода. Я хотѣла получить какую-нибудь смертельную болѣзнь!.. Мнѣ представлялось, что мой образъ, когда я умру, будетъ съ этихъ поръ отравлять жизнь моей матери. Какъ я была еще глупа! Въ дѣйствительности эта здоровая женщина, конечно, забыла бы меня черезъ нѣсколько недѣль».

Эти враждебныя, глубоко печальныя по своей неестественности отношенія между матерью и дочерью имѣли между прочимъ своимъ результатомъ, что Марлена никакъ не могла назвать свою мать «мамой», какъ всѣ другія дѣти, и обходилась поэтому безъ всякаго обращенія... Наконецъ, ея нянька, удивленная такимъ положеніемъ вещей, послѣ долгихъ увѣщаній, взяла съ дѣвочки слово, что она при первомъ же удобномъ случаѣ произнесетъ это завѣтное и никогда еще не употреблявшееся ею слово. И вотъ Марлена дѣлаетъ надъ собою усиліе, собирается съ духомъ и, остановившись на болѣе или менѣе благопріятномъ моментѣ, когда мать сравнительно благодушно настроена, съ замираніемъ сердца приступаетъ къ исполненію того, что она обѣщала нянькѣ. Она твердо увѣрена, что мать оцѣнитъ ея поступокъ, и смутно надѣется что, быть-можетъ, этотъ день будетъ для нихъ обѣихъ началомъ совершенно новой, отрадной поры. Но вотъ, что происходитъ въ дѣйствительности:

«Я до сихъ поръ не могу понять, какъ она не замѣтила по моему разгоряченному лицу и дрожащему голосу, что должно было произойти что-то необычайное...

— «Мама,—сказала я задыхаясь отъ волненія,—мама, хочешь, я покачаю Фрица?

«Точно гора съ плечъ свалилась у меня, когда я произнесла эти слова. Дѣло было сдѣлано!

— «Приходи черезъ полчаса,—сказала моя мать, не рѣзко, но вполнѣ равнодушно. Она продолжала играть съ ребенкомъ. Я простояла еще нѣсколько минутъ и все ждала... ждала... Вѣдь должно же было что-нибудь произойти,—непремѣнно!.. Черезъ нѣсколько времени она обернулась и, увидѣвъ, что я все еще стою на томъ же мѣстѣ, произнесла, уже болѣе рѣзкимъ тономъ:

— «Иди же!

— «Сейчасъ, мама!—И я вышла медленно, совсѣмъ медленно, точно колеблясь, все еще ожидая чего-то... ожидая... Ничего не произошло! Ничего... Моя мать даже не замѣтила, что я никогда не называла ее раньше *мамой*, не замѣтила и того, что въ этотъ день я въ первый разъ сдѣлала это! Я присоединила это глубокое, наиболѣе горькое разочарованіе ко всѣмъ остальнымъ и выплакала свое горе, бросившись на шею къ моей нянькѣ».

«Много говорятъ,—замѣчаетъ авторъ въ другомъ случаѣ,—о великомъ счастьѣ, какое даетъ ребенку материнская любовь, и о печальной судьбѣ тѣхъ дѣтей, которыя рано лишаются матери. Но никто не говоритъ о другомъ, болѣе тяжкомъ несчастьѣ: когда у ребенка есть мать, которую, однако, нельзя назвать матерью».

Что касается отца Марлены, то его роль въ дѣлѣ воспитанія дѣтей была совершенно ничтожна. «Онъ никогда не бранилъ меня, но и никогда не хвалилъ, не ласкалъ... Отличаясь вообще молчаливостью, онъ съ дѣтьми своими, въ сущности, никогда не говорилъ. Быть-можетъ, онъ даже не зналъ, какъ мы выглядѣли... О нашей внутренней жизни онъ не имѣлъ ни малѣйшаго представленія, и у него не было никакой потребности познакомиться съ нею. И отецъ и мать были нѣжны съ дѣтьми только въ пору ихъ младенчества. Прежде чѣмъ уйти на фабрику, отецъ игралъ въ теченіе четверти часа съ самыми маленькими дѣтьми, всегда въ тѣ же самыя стереотипныя игры: съ табакеркой, которую онъ заставлялъ ихъ захлопывать и открывать, съ карманными часами, которые должны были тикать около ихъ ушекъ... Этимъ и ограничивались его отцовскія радости... Когда онъ возвращался вечеромъ домой, дѣти обыкновенно уже спали. И это были, вѣроятно, самые пріятные для него часы, когда онъ сидѣлъ въ удобномъ халатѣ и туфляхъ, за горячимъ ужиномъ, въ обществѣ красивой и разговорчивой жены»...

У романистки Габріэль Рейтеръ, о которой намъ еще придется говорить далѣе, есть, между прочимъ, романъ «Г-жа Бюргелинъ и ея сыновья», не принадлежащій къ ея лучшимъ вещамъ, но, въ своемъ родѣ, все же интересный. Здѣсь выведена мать семейства, въ сущности— отнюдь не плохая, неспособная, напримѣръ, научить своихъ дѣтей чему-либо безнравственному, пошлому, жестокому; авторъ, видимо, хотѣлъ даже сдѣлать ее симпатичною, но это ему плохо удалось! У г-жи Бюргелинъ нѣтъ душевной теплоты, мягкости, участливаго отношенія къ своимъ дѣтямъ. Многіе воспитательные пріемы ея носятъ деспотическую окраску; она считаетъ себя въ правѣ распоряжаться судьбою сыновей, какъ ей вздумается. На ихъ личные вкусы и наклонности она обращаетъ слишкомъ мало вниманія. Для каждаго изъ нихъ она придумала опредѣленную карьеру, по ея мнѣнію—наиболѣе подходящую къ его способностямъ, и не хочетъ болѣе ничего знать! О своихъ дѣтяхъ она говоритъ совершенно такъ, какъ если бы это были неодушевленныя существа; энергичная и властная по натурѣ, она видитъ въ ихъ душевномъ мірѣ только извѣстный сырой матеріалъ, который, какъ ей кажется она можетъ разрабатывать исключительно по своему усмотрѣнію. Результаты получаются весьма плачевные: изъ сыновей г-жи Бюргелинъ выходитъ совсѣмъ не то, чего она ожидала; даже въ дѣлѣ выбора профессіи ея сыновья, ставъ болѣе самостоятельными, руководствуются только своими собственными желаніями, и одинъ изъ нихъ въ очень рѣзкой, даже грубой формѣ заявляетъ иногда свой протестъ противъ тираннiи матери. Г-жа Рейтеръ, видимо, хотѣла косвенно высказаться противъ игнорированія личности дѣтей и пристрастія къ крутымъ, рѣшительнымъ мѣрамъ, хотя бы вызываемымъ наилучшими побужденіями.

Если г-жа Бюргелинъ, въ романѣ Габріэль Рейтеръ, стоитъ за энергичные, рѣшительные, даже суровые педагогическіе пріемы, то, по крайней мѣрѣ, она считаетъ нужнымъ примѣнять ихъ къ обоимъ своимъ сыновьямъ, не дѣлая никакого различія. Но нѣмецкіе беллетристы покажутъ намъ и семьи въ родѣ тѣхъ, которыя во французской литературѣ новѣйшаго времени изображаютъ, какъ мы видѣли, Жюль Ренаръ, братья Маргеритъ и мн. др.,—семьи, гдѣ отдаютъ предпочтеніе какому-нибудь одному ребенку, тогда какъ другіе являются какими-то пасынками судьбы, лишенными настоящей ласки и ухода, способными очень рано испытывать чувства зависти, озлобленія, недовольства... При такихъ условіяхъ выростаетъ, напримѣръ, главный герой романа Вильгельма Гегелера «Пасторъ Клинггаммеръ», принадлежащаго къ числу наиболѣе интересныхъ произведеній новѣйшей нѣмецкой беллетристики. Даніэль Клинггаммеръ съ самаго ранняго дѣтства является какимъ-то паріей. Некрасивый, неловкій, молчаливый, онъ не пользуется ничьею любовью, къ нему относятся равнодушно, какъ бы свысока, часто оскорбляютъ даже въ мелочахъ его самолюбіе, игнорируютъ его внутренній міръ. Наряду съ этимъ, всѣ родные выказываютъ опредѣленное предпочтеніе брату Даніэля, Фрицу, красивому, бойкому и шаловливому мальчику, которому все прощается и сходитъ съ рукъ, котораго всѣ наперерывъ балуютъ, хотя по своей душѣ, по своимъ природнымъ задаткамъ онъ стоитъ неизмѣримо ниже Даніэля. Изъ него вырабатывается пустой, хлыщеватый и самонадѣянный юноша; съ теченіемъ времени онъ становится офицеромъ, ведетъ разсѣянную и безпорядочную жизнь, мотаетъ деньги и при случаѣ обращается за помощью къ тому же Даніэлю, къ которому онъ всегда относился пренебрежительно. При всемъ томъ, симпатіи окружающихъ попрежнему всецѣло на сторонѣ Фрица, этого типичнаго баловня судьбы, который дѣлаетъ все, что хочетъ, тогда какъ Даніэль не могъ проявить самостоятельности даже въ дѣлѣ выбора жизненной дороги, такъ какъ, въ силу семейной традиціи, онъ долженъ былъ непремѣнно сдѣлаться пасторомъ. Этотъ антагонизмъ между двумя братьями, ведущій свое начало съ самаго дѣтства, обостренный уродливымъ воспитаніемъ, приводитъ, наконецъ, къ трагической развязкѣ, такъ какъ даже у добраго и незлобиваго Даніэля, рано или поздно, должно было лопнуть терпѣніе послѣ столькихъ обидъ и несправедливостей!

Въ иныхъ случаяхъ сухое и холодное обращеніе съ дѣтьми является не результатомъ душевной черствости, а только проявленіемъ страннаго, ложнаго взгляда на обязанности воспитанія—немного въ духѣ нашего «Домостроя», какъ извѣстно, запрещавшаго отцу играть и шутить съ дѣтьми, изъ боязни умаленія авторитета... Мы это видимъ, между прочимъ, въ психологической повѣсти американской беллетристки Мэри Уилькинсъ. «The Love of Parson Lord». Г-жа Уилькинсъ съ большимъ знаніемъ дѣла обрисовываетъ въ своихъ повѣстяхъ и разсказахъ весь складъ жизни и бытовыя условія въ одной изъ частей Сѣверной Америки, такъ называемой Новой Англіи (шесть сѣверо-восточныхъ штатовъ), выводя рядъ очень своеобразныхъ и самобытныхъ захолустныхъ типовъ, быть-можетъ, чуждыхъ и непонятныхъ для насъ, но, во всякомъ случаѣ, видимо, выхваченныхъ изъ реальной жизни. Въ только-что упомянутой повѣсти она знакомитъ насъ съ суровымъ, замкнутымъ въ себѣ, повидимому, неспособнымъ ни на какое мягкое, теплое чувство пасторомъ или проповѣдникомъ пуританской общины, который является непримиримымъ ригористомъ въ области религіи и морали, кажется какимъ-то выходцемъ изъ минувшихъ вѣковъ, игнорирующимъ всякую гуманность и терпимость. Его дочь, Love (Любовь), никогда не видитъ съ его стороны настоящей ласки, не говоря уже о какомъ-либо желаніи хоть нѣсколько побаловать ее, развлечь, доставить ей небольшое удовольствіе. Еще до ея рожденія суровый, способный доходить до фанатизма сектантъ обрекъ ее на вѣчное безбрачіе, давъ обѣтъ посвятить ее Богу, какъ это сдѣлалъ библійскій Іефѳай.

Когда Love выростаетъ, становится красивою, живою,

дѣвушкою. старикъ не хочетъ и слышать о томъ, чтобы она выходила замужъ. Узнавъ, что она полюбила и мечтаетъ соединить свою жизнь съ судьбой любимаго человѣка, онъ произноситъ категорическое veto, ссылаясь на данный въ свое время обѣтъ. Начинается упорная борьба, и только послѣ долгихъ просьбъ, убѣжденій, вмѣшательства родителей жениха и т. д. удается вырвать у отца Love согласіе. Вскорѣ послѣ брака старикъ начинаетъ хворать, быстро поддается недугу и, наконецъ, умираетъ, оставивъ по себѣ память, какъ о суровомъ, холодномъ человѣкѣ. Послѣ его смерти въ руки Love попадаетъ его дневникъ, откуда она узнаетъ вдругъ, что отецъ, въ глубинѣ души, горячо ее любилъ, стыдился этой слабости, подавлялъ ее въ угоду своему ригоризму и иногда тайно посылалъ ей игрушки и куклы, скрывая, что это его подарокъ...

Нѣкоторые французскіе и нѣмецкіе писатели выводятъ отнюдь не жестокихъ или суровыхъ, но въ достаточной мѣрѣ равнодушныхъ къ судьбѣ своего потомства матерей... Такова Валентина Сегэнъ—изъ романа «Плодородіе» Золя. Эта женщина совершенно лишена материнскаго инстинкта, не любитъ своихъ дѣтей, тяготится необходимостью думать о ихъ воспитаніи. Какъ нарочно, у нея трое дѣтей, которымъ приходится выносить на себѣ всѣ грустныя послѣдствія поверхностнаго отношенія Валентины къ своему долгу. Привыкнувъ вести разсѣянную, свѣтскую жизнь, г-жа Сегэнъ не хочетъ ни въ чемъ стѣснять себя, сваливаетъ заботу о дѣтяхъ на прислугу, боннъ, кормилицъ, сомнительнаго происхожденія гувернантокъ. Ее гораздо больше интересуютъ ея свѣтскіе успѣхи, флиртъ или романическія исторіи. Дѣти выростаютъ безъ настоящаго присмотра и руководства, заброшенныя, отодвинутыя на послѣдній планъ, никому не нужныя... Въ своей пьесѣ «Замѣстительницы» Бріэ также счелъ нужнымъ обличить устами своего положительнаго героя, честнаго и глубоко-порядочнаго провинціальнаго доктора, легкомысліе и равнодушное отношеніе къ своимъ обязанностямъ современныхъ парижскихъ матерей.

Очень характерную въ этомъ отношеніи фигуру представляетъ собою г-жа Вормсъ-Клавлэнъ, выступающая въ романахъ Анатоля Франса—изъ серіи «Современная исторія». Желая избавиться отъ хлопотъ и содѣйствовать тому, чтобы ея дочь Жанна впослѣдствіи поскорѣе вышла замужъ, она отдала ее въ монастырскій пансіонъ, гдѣ обучаются между прочимъ дочери разныхъ аристократовъ, а сама только изрѣдка наѣзжаетъ туда, чтобы показать себя «заботливою и любящей матерью». Но о чемъ же онѣ говорятъ съ дочерью во время этихъ свиданій въ стѣнахъ монастыря? Г-жѣ Вормсъ-Клавлэнъ не приходитъ въ голову поинтересоваться внутреннимъ міромъ дѣвочки: она считаетъ свой долгъ выполненнымъ, если она тщательно провѣрила, хорошо ли она чиститъ зубы, не обглоданы ли ногти, нѣтъ ли признаковъ малокровія...

«Боже мой, какая ты длинная! У тебя такія большія руки!»—«Ахъ, не смущай меня, мама! Я ужъ и такъ не знаю, куда ихъ дѣвать». Дѣвочка садится, соединивъ на колѣняхъ свои красныя руки; она отвѣчаетъ на разспросы матери, всегда болѣе или менѣе одинаковые, «нехотя, но мило». Вскорѣ она начинаетъ уже нѣсколько критически относиться къ матери, подмѣчать ея недостатки. «Какъ ты любишь Парижъ, мама!—восклицаетъ она въ одномъ случаѣ,—а я вотъ люблю деревню».—«Ты ее совсѣмъ не знаешь, моя дорогая!»—«А развѣ мы любимъ только то, что знаемъ?» «Мама,—заявляетъ она далѣе,—я должна тебѣ сказать, что мое бѣлье въ ужасномъ состояніи... Ты вѣдь знаешь, что забота о бѣльѣ никогда не казалась тебѣ самою важною. Я не хочу тебя упрекать, конечно: иныя болѣе всего думаютъ о бѣльѣ, другія—о платьяхъ, третьи—о драгоцѣнныхъ вещахъ. Ты, мама, всегда стояла за драгоцѣнныя вещи, а я—за бѣлье». Въ этой полудѣтской болтовнѣ хорошенькой Жанны отражается, однако, горькая правда, вѣрное пониманіе душевной пустоты и чисто внѣшняго лоска матери, смутное сознаніе, что у нихъ, въ сущности, уже нѣтъ ничего общаго...

Героиня романа одной изъ наиболѣе извѣстныхъ нѣмецкихъ писательницъ нашихъ дней, Клары Фибихъ, «Да здравствуетъ искусство», Елизавета Рейнгарцъ, молодая женщина, мать одного ребенка, хочетъ составить себѣ имя на литературномъ поприщѣ и энергично добивается доступа въ литературные круги, редакціи журналовъ и газетъ, модные салоны, наконецъ, главные столичные театры, гдѣ она надѣется поставить съ теченіемъ времени свои пьесы. Ей приходится узнать, путемъ горькаго опыта, отрицательныя, закулисныя стороны того міра, который издали казался ей такимъ привлекательнымъ; она терпитъ одну неудачу за другою, сталкивается съ интригами, протекціей, кумовствомъ, испытываетъ немало разочарованій и униженій... Все это настолько поглощаетъ все ея вниманіе, что у нея почти не остается времени, чтобы подумать о своемъ мужѣ, искренно и беззавѣтно ее любящемъ, а также о своемъ маленькомъ мальчикѣ, Вильгельмѣ, которому она посвящаетъ только то время, которое остается свободнымъ отъ литературной работы и связанныхъ съ нею хлопотъ, суетни, дѣловыхъ визитовъ, переговоровъ, репетицій и т. д. Отнюдь не плохая женщина по натурѣ, по-своему любящая своего ребенка, Елизавета зачастую оставляетъ его, однако, на произволъ судьбы, увлеченная миражемъ литературной славы, которая все не дается ей.

«На губахъ Елизаветы», читаемъ мы въ одномъ случаѣ, «играла бѣглая улыбка: она стояла погруженная въ свои думы, устремивъ свой взоръ вдаль. Мыслями она уже не была больше въ этой маленькой комнаткѣ, гдѣ сушились у печки пеленки, и слышно было только спокойное дыханіе спящаго мальчика,—она была далеко! Она видѣла быстро смѣняющіяся на сценѣ картины, слышала знаки одобренія со стороны публики; она видѣла себя появляющеюся у рампы, чтобы раскланяться на вызовы»... «Ея ребенокъ спалъ съ такимъ невиннымъ выраженіемъ лица... между тѣмъ, вѣдь онъ причинилъ ей такъ много мукъ, мѣшалъ ей, стѣснялъ ее, ослаблялъ ея творческую силу еще до своего рожденія!.. А послѣ рожденія? Развѣ, начиная съ перваго же своего крика, онъ не готовилъ ей съ каждымъ днемъ все новыхъ заботъ? Маленькое тѣльце требовало ухода, маленькая душа—тоже! Она была обязана покориться этому, это былъ ея нравственный долгъ. И все же было нѣчто другое, что оказывало на нее болѣе сильное, властное давленіе, заставляло ее устремляться къ письменному столу, отдавало ей приказанія, какъ господинъ своему рабу, вкладывало въ руку перо, говорило: пиши»...

Въ болѣе трезвыя минуты, когда Елизавета имѣетъ возможность взвѣшивать свое положеніе, отрѣшаясь на время отъ грезъ о славѣ и сказочныхъ успѣхахъ, она съ ужасомъ думаетъ о томъ, какая опасность можетъ грозить ея ребенку, всецѣло зависящему отъ степени порядочности наемной прислуги...

«Съ быстротою молніи въ ея умѣ проносились страшныя картины... Вотъ дитя кричитъ... поднимается на своей постелькѣ... перегибается черезъ рѣшетку... и выпадаетъ, головой внизъ... Безсовѣстная нянька болтаетъ съ кѣмъ-то на лѣстницѣ; она ничего не слышитъ. Мать тоже не слышитъ... она сидитъ за письменнымъ столомъ! Или на углу двухъ улицъ, гдѣ люди спѣшатъ, проносятся экипажи, скрещиваются рельсы, нянька стоитъ и смотритъ на выставку въ окнѣ магазина, не обращая вниманія на ребенка, который копошится на тротуарѣ; неловкія ноги прохожихъ такъ близки отъ его маленькихъ ручекъ... его толкаютъ, могутъ задавить... Гдѣ же мать? Она сидитъ за письменнымъ столомъ!.. Или мальчикъ сталъ еще старше,—онъ взбирается на стулъ возлѣ окна, выглядываетъ оттуда... вѣтеръ играетъ съ его волосами, солнце золотитъ его личико... вдругъ съ улицы доносится шумъ, звуки музыки, дѣтскій голосъ... Изъ любопытства онъ выгибается... еще... еще... его маленькія ножки барахтаются въ воздухѣ, онъ смѣется, радуется... и вдругъ раздается душу раздирающій крикъ...»

Предчувствія героини «Es lebe die Kunst», къ сожалѣнію, сбываются на дѣлѣ. Вернувшись съ перваго представленія своей пьесы, которая не имѣла успѣха и только доставила ей новыя непріятности и нравственныя мученія, она съ ужасомъ узнаетъ, что во время ея отсутствія маленькій Вильгельмъ упалъ съ своей кроватки на полъ, при чемъ докторъ допускаетъ, что у него могло произойти сотрясеніе мозга. Мальчикъ остается живъ, и постепенно поправляется, благодаря помощи хорошаго врача и заботливому уходу, но тѣ мучительные часы и дни, которые родители проводятъ возлѣ его постельки не зная, что ихъ ждетъ въ самомъ ближайшемъ будущемъ, становятся для Елизаветы какъ бы поворотнымъ пунктомъ, началомъ крутого перелома. Не отказываясь отъ своихъ литературныхъ плановъ, она все же рѣшаетъ не относиться къ нимъ отнынѣ съ такимъ лихорадочнымъ возбужденіемъ, забывая ради нихъ обо всемъ на свѣтѣ, и хочетъ отдаться, наконецъ, заботамъ о своемъ ребенкѣ, котораго она чуть было не лишилась. Романъ г-жи Фибихъ интересенъ для насъ въ данномъ случаѣ, какъ лишнее заступничество за тѣхъ дѣтей, о которыхъ никому нѣтъ времени вспомнить, въ сутолокѣ и водоворотѣ жизни...

II.

«У насъ очень часто говорятъ: «дѣти этого не понимаютъ» или: «вы можете смѣло разсказывать, ребенокъ насъ не слушаетъ,—онъ думаетъ только объ играхъ». Это совершенно ошибочно. Ребенокъ внимательно слѣдитъ за зрѣлищемъ жизни; онъ прекрасно сознаетъ, что отъ него многое скрываютъ... Удачное, подходящее слово можетъ оказать рѣшительное вліяніе на его маленькую душу, развить въ ней довѣріе, честность, дать ей счастье; наоборотъ, неудачное слово можетъ навсегда лишить ее радости».

Эти характерныя строки, попадающіяся намъ въ романѣ Экара «Душа одного ребенка», могутъ быть поставлены эпиграфомъ къ цѣлому ряду беллетристическихъ произведеній, въ которыхъ болѣе или менѣе детально обрисовывается вредное вліяніе на дѣтскую душу, какъ дурного примѣра вообще, такъ, въ частности, нежеланія родителей и воспитателей сдерживать себя при дѣтяхъ, слѣдить за своимъ разговоромъ, не касаться тѣхъ вопросовъ, которые могутъ только сбить съ толку ребенка, преждевременно навести его на различныя мысли и догадки, незамѣтно лишая его душевной чистоты, непосредственности, беззаботности. Прислушиваясь, большею частью—изъ простого любопытства къ тому, о чемъ говорятъ между собою старшіе, ребенокъ узнаетъ много такого, чего могъ бы совсѣмъ не знать, и подъ вліяніемъ этого употребляетъ иногда самъ неожиданныя, дико звучащія въ его устахъ слова, разсуждаетъ о предметахъ, которые совершенно недоступны его пониманію, невольно развращается и портится, при чем эта порча оказывается въ иныхъ случаяхъ гораздо глубже и печальнѣе по своимъ послѣдствіямъ, чѣмъ можно было предполагать вначалѣ.

Въ современной французской беллетристикѣ есть цѣлый романъ, посвященный въ значительной степени характеристикѣ дурного примѣра, который приходится постоянно видѣть смышленому и бойкому мальчику, невольно заинтересовывающемуся, конечно, тѣмъ, что происходитъ на его глазахъ: «La becquée» Рене Буалэва. Здѣсь обрисовывается большая семья, члены которой придаютъ громадную цѣну деньгамъ, богатству, земельной собственности и готовы враждовать между собою, пускаться на всевозможные маневры изъ-за тѣхъ или другихъ житейскихъ выгодъ. Когда кто-нибудь изъ семьи умираетъ, родственниковъ интересуетъ всего больше вопросъ: есть ли завѣщаніе, и кому переходятъ деньги... Впрочемъ, иногда и при жизни того или другого лица уже составляются планы относительно того, какъ со временемъ будетъ распредѣлено его состояніе... Есть, напримѣръ, одинъ дядя-провинціалъ, который въ семейномъ кругу извѣстенъ подъ названіемъ «дядя на бретонскій манеръ», по фамиліи Гуаляръ; на его состояніе всѣ давно уже зарятся, стараясь овладѣть его довѣріемъ и расположеніемъ, чтобы не быть забытыми въ его завѣщаніи. За его спиною разбираются шансы той или другой стороны, дѣлаются выкладки, разыгрываются аппетиты. Особенно отличается нѣкая г-жа Ледюкъ, которая пользуется большимъ вѣсомъ въ семейномъ совѣтѣ, хотя многіе ее ненавидятъ, и ораторствуетъ за всѣхъ. Вотъ, что приходится, напримѣръ, слышать мальчику:

— «Ага, ты думаешь меня раздавить, точно крошку хлѣба подъ ногою, потому что ты подлизываешься къ дядѣ Гуаляру? Но у меня тѣ же права, что и у тебя, на это наслѣдство. Я тебя предупреждаю, что не откажусь отъ своихъ правъ! Я—мать семейства, слышишь ли ты это?

— «Какъ ты смѣшна со своими правами! И твои и мои права будутъ измѣряться тѣми услугами, которыя мы ему окажемъ.

— «Поэтому-то ты и захватываешь его въ свои руки, въ сообществѣ съ его экономкою, которая на меня производитъ впечатлѣніе интриганки. А что, если мнѣ тоже придетъ въ голову участвовать въ вашемъ самопожертвованіи?

Желая придать своимъ поступкамъ благовидный характеръ, г-жа Ледюкъ старается доказать, что она хочетъ быть утѣшительницею больного, умирающаго человѣка. «Интересно знать, кто осмѣлится помѣшать тому, чтобы родственница смѣнила у изголовья старика наемницу и доставила ему утѣшеніе, произнося слова, идущія отъ сердца?» Мальчикъ прекрасно видитъ всю эту алчность и фальшь этихъ людей и иногда, какъ настоящій enfant terrible, вставляетъ свое словечко въ разговоръ старшихъ. «Тетя,—заявляетъ онъ въ одномъ случаѣ,— горничная мнѣ разсказывала, что, когда m-me Ледюкъ въ прошломъ году пріѣхала къ намъ, у нея были дырявые чулки». За эти слова его тотчасъ же изгоняютъ изъ комнаты...

Весьма характерный разговоръ слышитъ онъ также тогда, когда семейный конклавъ рѣшаетъ, что его отцу нужно непремѣнно жениться. Объ этой женитьбѣ говорятъ, точно о торговой сдѣлкѣ.

— «Ахъ, если бъ только не этотъ ребенокъ!..

— «Можете ли вы себѣ представить молодую дѣвушку, которая найдетъ вдругъ въ своей свадебной шкатулкѣ семилѣтняго мальчика!

— «Самое желательное было бы подыскать ему вдову безъ ребенка!

— «Да, но какъ это сдѣлать?

— «А я утверждаю, что вдова, у которой уже есть ребенокъ, скорѣе согласится усыновить второго.

— «Въ особенности—мальчика!

— «Почему?

— «Да потому, что женщины часто отдаютъ предпочтеніе мальчикамъ...» Наконецъ, подходящая невѣста найдена, и отъ мальчика ожидаютъ, что онъ будетъ относиться къ ней, точно къ родной матери. Одна только старая бабушка считаетъ возможнымъ прямо сказать ему: «Запомни хорошенько: что бы тамъ ни случилось, что бы тебѣ ни говорили, у тебя никогда не будетъ другой мамы. Лучше и красивѣе ея никто не можетъ быть! Это была святая; она теперь на небѣ и видитъ тебя. Обѣщай же ей, что ты всегда будешь ее любить!» А вотъ что говоритъ мальчику отецъ: «Черезъ нѣсколько дней эта дама будетъ твоею матерью... Будешь ли ты ее любить? Ты долженъ ее любить! *Я тебѣ приказываю! Вѣдь я же твой отецъ, чортъ возьми!*»

Главному герою романа «Подъ грубой оболочкой» приходится еще маленькимъ мальчикомъ узнать, какимъ кумиромъ являются для близкихъ ему людей деньги, какъ они способны мѣнять свое мнѣніе о человѣкѣ, какъ только тотъ разоряется и теряетъ прежній вѣсъ въ обществѣ.

«Одно изъ первыхъ воспоминаній моего дѣтства или, по крайней мѣрѣ, одно изъ самыхъ живыхъ, неожиданно внушившихъ мнѣ пониманіе дѣйствительности, такъ какъ до этихъ поръ я былъ обманутъ буржуазнымъ лицемѣріемъ,—былъ разговоръ изъ полусловъ, происшедшій однажды въ моей семьѣ за завтракомъ. Мы всѣ сидѣли за столомъ: мой отецъ, моя мать, мои двѣ старшія сестры, Генріэтта и Сюзанна.

«Говорили о Дельбрэ, нашихъ сосѣдяхъ, съ которыми мы были въ самыхъ близкихъ отношеніяхъ въ теченіе многихъ лѣтъ. Я всегда слышалъ, какъ о нихъ отзывались съ большой похвалой и даже съ благоговѣніемъ. У господина Дельбрэ было два или три милліона—одно изъ самыхъ большихъ состояній среди торговцевъ Брива; господинъ Дельбрэ носилъ въ петлицѣ красную ленточку; наконецъ, онъ оказывалъ вліяніе на выборы.

— «Это большой умъ,—утверждалъ мой отецъ.

«У насъ дома, когда принимали Дельбрэ, дѣлались приготовленія, вынимали серебро, зажигали всѣ свѣчи. Поэтому въ тотъ день я былъ очень удивленъ, когда моя мать сказала:

— «Слышишь, дружокъ, ты не долженъ больше играть съ Люсеттой Дельбрэ.

«Я былъ послушнымъ ребенкомъ, я не привыкъ возражать. Между тѣмъ, на этотъ разъ я не могъ не спросить:

— «Почему, мама, я не долженъ больше играть съ Люсеттой?

— «Потому что...—отвѣчала моя мать.—Тебѣ не нужно знать, ты поймешь со временемъ... Рене, ты всегда слушался... Я не говорю, чтобы ты отворачивался отъ твоей маленькой подруги...

— «Нѣтъ, не надо ссориться,—прервалъ мой отецъ,—безполезно дѣлаться врагами; никогда нельзя поручиться за будущее.

— «Но у каждаго свой кругъ,—заявила моя мать.— Дельбрэ теперь не принадлежатъ къ нашему обществу... Послушай, милый мой, что я скажу тебѣ: когда ты встрѣтишь Люсетту, ты можешь поздороваться съ ней, я не запрещу тебѣ... Затѣмъ ты отойдешь. У тебя есть другіе товарищи для игръ: напримѣръ, племянники префекта, маленькіе Главо.

— «Люсетта мнѣ ничего не сдѣлала, мама... Люсетта была всегда ласкова со мной,—протестовалъ я.

— «Я не отрицаю, дорогой мой, но мы не должны больше бывать у Дельбрэ.

«Я замолчалъ, мнѣ хотѣлось очень заплакать... Я такъ любилъ ее, мою маленькую Люсетту, я хотѣлъ играть только съ ней... У нея были красивые, свѣтлые глаза, которые всегда мнѣ улыбались, и манеры маленькой женщины, почти маленькой матери, когда мы бывали вдвоемъ, такъ какъ я былъ на годъ моложе ея, и она пользовалась этимъ, чтобы обращаться со мной, какъ съ маленькимъ, давать умные совѣты, нѣжно бранить меня и, въ особенности, чтобы разсказывать мнѣ интересныя сказки, которыя она знала, читала или придумывала. Я предпочиталъ тѣ, которыя она сама придумывала, и, правду сказать, я любилъ сказки только тогда, когда мнѣ разсказывала ихъ Люсетта.

«Произошла пауза; затѣмъ моя мать сказала:

— «Это непостижимо, такое быстрое разореніе... Кто могъ бы подумать? Они казались такими спокойными, были такъ увѣрены въ будущемъ.

— «Однако я предупреждалъ Дельбрэ, — сказалъ отецъ.—Можно ли было помѣщать все свое состояніе въ это дѣло?

— «Оно казалось вѣрнымъ; вспомни, мой другъ, ты самъ говорилъ...

— «Въ дѣлахъ никогда нѣтъ ничего вѣрнаго,—отвѣчалъ мой отецъ.—Я сумѣлъ остановиться во-время. Дельбрэ хотѣлъ стоять во главѣ, и вотъ дѣла его пошатнулись.

— «Значитъ, теперь банкротство?

— «Да.

— «У нихъ остаются еще какія-нибудь надежды?

— «О! одинъ дядя! наслѣдство знаменитаго дяди, который никогда не умираетъ,—а въ ожиданіи этого...

«У моихъ родителей были суровыя лица. Я не понималъ хорошенько, въ чемъ дѣло. Я замѣтилъ только, что мой отецъ, который до сихъ поръ въ разговорѣ о нашихъ сосѣдяхъ всегда говорилъ «господинъ Дельбрэ» тономъ, полнымъ уваженія, теперь просто называлъ его *Дельбрэ*. Банкротство, разореніе—эти слова имѣли для меня неясный смыслъ... Я продолжалъ думать о моей маленькой Люсеттѣ, и слезы, которыхъ я не могъ удержать, текли по моимъ щекамъ, на руки, на мой хлѣбъ, даже въ мою тарелку... Это было мое первое большое горе».

Однажды въ воскресеніе Рене встрѣчаетъ Люсетту съ матерью и испытываетъ поразительную неловкость и смущеніе. «Онѣ сидѣли въ сторонѣ, въ одиночествѣ, и никто не бесѣдовалъ съ ними. Госпожа Дельбрэ, когда-то считавшаяся самой изящной женщиной въ городѣ, дававшая тонъ и руководившая модой, была одѣта очень просто, во всемъ черномъ. Люсетта имѣла очень грустный видъ. Мы обмѣнялись долгимъ взглядомъ. Наконецъ, она заговорила:

— «Рене,—спросила она,—ты сердишься?
— «Нѣтъ, Люсетта, я не сержусь.
— «Почему ты не приходишь играть со мной?

«Я покраснѣлъ до корня волосъ. Я не зналъ, что отвѣтить: моя мать забыла научить меня. Къ тому же, я не сумѣлъ бы солгать! Я кончилъ тѣмъ, что сказалъ правду.

— «Я не хочу ослушаться мамы, Люсетта.
— «Твоя мама запретила тебѣ играть со мной?
— «Да.
— «Почему?
— «Я не знаю... Но она не запретила мнѣ поздороваться съ тобой,—поспѣшилъ я прибавить.
— «Прощай, Рене.

«Я опустилъ глаза... Хотя я былъ ребенкомъ, но я страдалъ, какъ человѣкъ, совершившiй подлость».

Героиня романа г-жа Домъ «Христа Руландъ» выростаетъ, повидимому, въ болѣе культурномъ домѣ, но и ей приходится выносить съ самыхъ раннихъ поръ немало тяжелыхъ разочарованiй, постепенно убѣждаясь въ томъ, что наиболѣе близкiя къ ней лица не отличаются ни искренностью, ни прямотою, ни твердыми нравственными правилами. Возмущаясь тѣмъ, что «со времени *Призраковъ* Ибсена всѣ считаютъ себя въ правѣ безъ всякаго почтенiя контролировать поступки своихъ родителей», мать Христы Руландъ не сумѣла внушить къ себѣ настоящаго уваженiя, слишкомъ рано раскрыла свои карты... Еще когда дѣвушка была только подросткомъ, она рѣшила преподать ей правила свѣтской жизни и обхожденiя съ кавалерами, опредѣляя даже границы дозволеннаго или желательнаго кокетства... «Она не могла понять Христу, когда та была еще ребенкомъ, подобно тому, какъ она не понимала ея и теперь, когда она стала взрослой дѣвушкой. Въ ея глазахъ та всегда была упряма, дерзка и зла, безъ всякаго умѣнья усвоить приличiя и добрые нравы. Между тѣмъ она такъ старалась привить ей правила цѣломудрiя!.. Къ числу педагогическихъ прiемовъ г-жи Руландъ побои, въ сущности, не относились, но, очевидно, «упрямство» Христы заставляло время отъ времени прибѣгать къ этому наказанiю... Однажды мать разбранила ее за какой-то безпорядокъ. «Мама,—сказала дѣвочка,—вѣдь учитель въ школѣ объяснилъ намъ, что дѣти наслѣдуютъ все, даже свои недостатки, отъ своихъ родителей или даже дѣдовъ и бабушекъ. За что же ты меня бранишь? Бабушка перевернется въ могилѣ, если ты будешь меня отчитывать за ея безпорядочность!..»

Послѣ этихъ словъ начались побои... Дѣвочка не пролила ни одной слезы, не издала ни одного звука; она только смотрѣла на мать широко раскрытыми, угрожающими глазами, такъ что, какъ впослѣдствіи выражалась сама г-жа Руландъ, «всякая охота бить должна была пройти»... Вдругъ Христа сказала, охваченная гнѣвомъ: «Почему это старые люди осмѣливаются бить маленькихъ дѣтей?» Мать была возмущена. Назвать ее *старой*!.. да вѣдь ей только-что исполнилось тридцать лѣтъ!»

«Христа,—говоритъ авторъ,—очень любила своего отца, сестру Анну-Марію, но свою мать и брата она не любила. Отецъ представлялъ для нея все же интересъ, мать—ни малѣйшаго. Она могла въ точности угадать, что мать скажетъ въ томъ или другомъ случаѣ. Она наблюдала за всѣми видоизмѣненіями ея лица, за тѣмъ, что она говорила, и удивлялась ея искусственному оживленію, той легкости, съ какой у нея слетала съ языка свѣтская ложь, ея склонности принимать своихъ гостей просто или же роскошно, въ зависимости отъ того значенія, которое она имъ приписывала... Христа видѣла, что ея мать постоянно разыгрываетъ комедію. И ей казалось такимъ страннымъ, непонятнымъ, что эта женщина была ея матерью! Она много думала объ этомъ... Нѣтъ, не могло быть справедливымъ мнѣніе, будто дѣти наслѣдуютъ свойства своихъ родителей!.. Она не находила у себя никакихъ общихъ чертъ со своими родителями. И потомъ, что было, напримѣръ, общаго между нею и ея сестрой Анной-Маріей?.. Нѣтъ, очевидно, существовало еще что-то другое, чего не знали даже самые ученые люди.

Обрисовывая подобныя картины разлада и взаимнаго непониманія, романистка скорбитъ объ этомъ положеніи вещей и обличаетъ недостойныхъ, не исполняющихъ своего нравственнаго долга родителей во имя идеала правильно организованной дружной семьи.

Сколько разочарованій и отголосковъ душевныхъ мукъ отражается и въ слѣдующихъ словахъ подруги Христы, Юліи Кенигъ, носящихъ, правда, рѣзкую, даже грубоватую форму: «Моя мать для меня только — дальняя родственница... Отецъ — еще меньше этого! Онъ меня не знаетъ, и я его не знаю! Мать разсказывала, что послѣ моего рожденія отецъ въ теченіе шести недѣль не разговаривалъ съ нею потому только, что родилась дѣвочка, а не мальчикъ».

Во многихъ нѣмецкихъ романахъ изображаются довольно ярко гибельныя послѣдствія воспитанія, не только не дающаго ребенку никакихъ нравственныхъ принциповъ, но иногда даже систематически развращающаго дѣтскую душу отнюдь не назидательными поступками или совѣтами, относящимися къ дальнѣйшей жизни... Грустно видѣть, какъ ребенокъ знакомится на зарѣ жизни съ наиболѣе отталкивающими, грязными ея сторонами! Иныя натуры, правда, остаются какъ бы невредимыми, незатронутыми всей этой тиной, благодаря тѣмъ или другимъ случайнымъ обстоятельствамъ, сбрасываютъ съ себя впослѣдствіи этотъ нежелательный налетъ, выбиваются на болѣе широкую, честную дорогу. Другія, наоборотъ, становятся жертвами нездоровой нравственной атмосферы, рано развращаются или же чахнутъ, угасаютъ, инстинктивно чувствуя, что имъ суждено жить въ такой обстановкѣ, которая безповоротно губитъ всѣ лучшія стремленія и мечты.

Объ отцахъ и ихъ вліяніи на душевный міръ, вкусы и развитіе дѣтей современные нѣмецкіе беллетристы говорятъ сравнительно рѣдко, вѣроятно, считая, что положительная или отрицательная роль отца въ дѣлѣ воспитанія вообще гораздо меньше и слабѣе роли матери. Весьма характерный типъ отца-жуира и развратника обрисованъ въ романѣ Елены Бёлау «Полуживотное», знакомомъ и нашей читающей публикѣ. Писатель, свѣтскій человѣкъ, ораторъ, кандидатъ въ рейхстагъ, докторъ Фрей, несмотря на свой солидный возрастъ, ведетъ разсѣянную, веселую жизнь, мало бываетъ дома, не скрываетъ своихъ похожденій, иногда прямо бравируетъ своимъ нежеланіемъ въ чемъ-либо стѣснять себя. И этотъ субъектъ является отцомъ двухъ молодыхъ дѣвушекъ, на которомъ лежитъ, повидимому, извѣстная отвѣтственность, который долженъ руководить своими дѣтьми, какъ образованный и опытный человѣкъ! Онъ не прочь при случаѣ сослаться на свои права, указать на великое значеніе семейныхъ основъ. «Если мы не будемъ поддерживать идею семьи, кто же будетъ это дѣлать?» восклицаетъ онъ въ одномъ случаѣ. На свою жену, добрую, слабую и пассивную женщину, онъ смотритъ свысока, говоритъ съ нею какимъ-то покровительственнымъ тономъ, словно не замѣчая ея долголѣтняго самопожертвованія и безропотной, тяжелой жизни, всецѣло посвященной заботамъ о благѣ другихъ.

Когда онъ является на короткое время къ себѣ домой, чтобы одѣться и привести себя въ порядокъ передъ веселой вечеринкой или пикникомъ, весь домъ оглашается шумомъ, громкими разговорами, смѣхомъ и остротами неисправимаго вивёра, который заставляетъ дочерей помогать ему въ его сборахъ, иногда посвящаетъ ихъ мимоходомъ въ различныя детали своего времяпрепровожденія, невольно возбуждая въ нихъ нездоровое любопытство. Онъ не имѣетъ, конечно, времени, чтобы замѣтить, какимъ лѣнтяемъ и нравственнымъ калѣкой выростаетъ его сынъ Карлъ, испорченный и непослушный мальчикъ, который рѣшительно отказывается учиться, рискуетъ быть исключённымъ изъ гимназіи, говоритъ матери дерзости, заявляя, напримѣръ, въ отвѣтъ на какое-то ея замѣчаніе, что женщина должна вообще больше молчать...

Прекрасно описано въ романѣ неожиданное возвращеніе Фрея послѣ недѣльной отлучки позднею ночью, когда весь домъ давно уже спитъ. Онъ звонится въ парадную дверь съ какимъ-то ожесточеніемъ, «словно человѣкъ, котораго преслѣдуютъ не на жизнь, а на смерть, и который хочетъ спастись». Дѣвушки просыпаются отъ этого безостановочнаго звона, при чемъ одна изъ нихъ Изольда, главная героиня романа, тотчасъ же соображаетъ, въ чемъ тутъ дѣло. «Вѣдь папа всегда такъ дѣлаетъ», успокаиваетъ она свою сестру Марію... Фрей появляется съ явными слѣдами недавняго опьяненія на лицѣ, не въ мѣру разговорчивый, даже болтливый, всецѣло охваченный еще тѣми впечатлѣніями, которыя недавно были имъ восприняты въ веселой компаніи. Тщетно старается жена уговорить его, какъ она дѣлала это и раньше въ аналогичныхъ случаяхъ, понизить голосъ, не шумѣть, чтобы не разбудить дочерей. Онъ хочетъ непремѣнно ихъ видѣть, и онѣ принуждены показаться въ ночномъ туалетѣ, испуганныя, удивленныя, еще не вполнѣ очнувшись отъ сна...

«Никогда еще дѣвушки не видѣли свою мать такою, какъ въ этотъ разъ,—такою старою, утомленною, равнодушною... У нея только-что отнята была ея послѣдняя привилегія. До этихъ поръ онъ еще никогда не отваживался звать дочерей. Одного ея взгляда, одного *тсс* съ ея стороны достаточно было въ этихъ случаяхъ. «Ахъ, да, вѣдь онѣ спятъ...» Она хотѣла уберечь навсегда дѣвушекъ отъ этихъ ночныхъ впечатлѣній... И вотъ теперь все оказалось напрасно!

«Что же случилось? Онъ невозмутимо разсказывалъ имъ о прекрасной дамѣ, которая живетъ у Штернбергскаго озера и у которой онъ прогостилъ три дня. Одинъ берлинскій писатель ввелъ его въ этотъ домъ.

— «Она и васъ пригласила къ себѣ? А? что? что вы скажете? На послѣзавтра!

— «Кто же она?—тихо спросила Марія.

— «Ахъ да, конечно,—вѣдь всегда нужно быть осторожными, филистерскія вы души!—сказалъ докторъ Фрей, громко смѣясь.—Она жена посланника. Довольно съ васъ этого? Баснословно богата. И какая женщина, скажу я вамъ!

«Докторъ Фрей приложилъ кончики пальцевъ къ своимъ губамъ и послалъ затѣмъ воздушный поцѣлуй въ сторону потолка».

Къ подобнымъ сценамъ едва ли нужно что-либо прибавлять,—онѣ достаточно характерны и печальны сами по себѣ! Мы чувствуемъ, что при такихъ условіяхъ не можетъ быть рѣчи объ истинномъ уваженіи и любви къ отцу, что «престижъ» родительской власти неминуемо страдаетъ, когда его профанируютъ подобнымъ образомъ, нарочно посвящая дѣтей во всѣ свои слабости и пороки, разрушая ихъ иллюзію, притомъ точно гордясь или рисуясь этимъ... На Изольду и Марію это неожиданное возвращеніе отца дѣйствуетъ удручающимъ образомъ; онѣ не знаютъ, куда имъ смотрѣть, какое лицо имъ дѣлать, слыша всѣ эти разсказы, трескучія разсужденія на общія темы, филиппики противъ мѣщанской морали, филистерства, нежеланія дать мужчинамъ нужную имъ свободу, просторъ, полную самостоятельность... Не прельщаетъ ихъ и перспектива ѣхать къ незнакомой дамѣ, къ той женщинѣ, которую такъ расхваливаетъ отецъ, но по отношенію къ которой онѣ обѣ испытываютъ, однако, инстинктивное недовѣріе, предубѣжденіе... «Изольда чувствовала, что отецъ и мать внушали ей какой-то странный, неопредѣленный ужасъ. *Какими чуждыми были, въ сущности, для нея они оба!..»*

Но не только въ сферѣ нравственности дурной примѣръ и неосторожныя рѣчи оказываютъ гибельное вліяніе на психологію дѣтей, заставляя ихъ разочаровываться въ старшихъ или же незамѣтно развращаться самимъ,—то же явленіе можно отмѣтить и въ чисто идейной области, въ дѣлѣ выработки у ребенка первыхъ основъ будущаго міросозерцанія. Нерѣдко старые предразсудки, предвзятыя мысли, продиктованные нетерпимостью приговоры покорно воспринимаются ребенкомъ, естественно, прислушивающимся съ любопытствомъ къ тому, что говорится кругомъ него, и не способнымъ разобраться въ томъ, что справедливо и что неосновательно. Такимъ образомъ, вмѣсто гуманныхъ, просвѣщенныхъ взглядовъ, онъ безсознательно усвоиваетъ иногда на первыхъ же порахъ обрывки міросозерцанія, проникнутаго исключительностью, фарисействомъ, шовинизмомъ или жестокостью.

Въ романѣ англійскаго беллетриста Э. Бенсона «Семья Чэллонеръ» обрисовывается разладъ между представителями двухъ поколѣній: пасторомъ Чэллонеромъ и его двумя дѣтьми-близнецами, Мартиномъ и Элен, возникающій вслѣдствіе того, что пасторъ держится совершенно особыхъ взглядовъ на задачи воспитанія и размѣры того, что должны знать и понимать дѣти. Онъ подвергаетъ строгому контролю тѣ книги, которыя они читаютъ; называетъ Джорджъ Элліотъ безнравственною писательницею и запрещаетъ брать въ руки ея сочиненія... Между нимъ и дѣтьми часто происходятъ споры по различнымъ вопросамъ общаго характера, при чемъ разница во взглядахъ все болѣе обостряется. Самъ пасторъ представляетъ собою олицетвореніе нетерпимой, чопорной морали; у него почти нѣтъ смягчающихъ примирительныхъ чертъ. Онъ доводитъ свой ригоризмъ до такихъ предѣловъ, что считаетъ возможнымъ встать со своего мѣста и уйти изъ зрительной залы во время представленія оперы «Тангейзеръ», чтобы доказать свое негодованіе или возмущенное чувство цѣломудрія, вызванное извѣстною сценою въ гротѣ Венеры...

Въ иныхъ случаяхъ дѣтямъ насильственно прививаютъ сословные предразсудки, чванство своимъ происхожденіемъ, пренебреженіе ко всѣмъ, кто находится на болѣе низкихъ ступеняхъ общественной іерархіи. Въ интересномъ романѣ «Открытый вопросъ» г-жи Е. Робинсъ, пишущей подъ псевдонимомъ «C. Raimond», выведена, напр., весьма типичная, въ иныхъ отношеніяхъ — почтенная и пользующаяся общимъ уваженіемъ, бабушка героя и героини, которая является хранительницей семейныхъ традицій и старается оказывать вліяніе на подрастающее поколѣніе. Нѣкоторые ея совѣты и указанія вполнѣ разумны, но, на ряду съ этимъ, она хотѣла бы передать дѣтямъ много такого, что уже отжило свой вѣкъ и отзывается явною нетерпимостью. Уроженка Южныхъ Штатовъ (дѣйствіе происходитъ въ Америкѣ), г-жа Гано до сихъ поръ не можетъ примириться съ исходомъ войны между Сѣверомъ и Югомъ, считая требованія Сѣверныхъ Штатовъ несправедливыми, освобожденіе негровъ — преждевременнымъ, и открыто заявляетъ это въ обществѣ, стараясь всѣхъ увѣрить, что, рано или поздно, южане сами освободили бы своихъ невольниковъ, *когда признали бы это нужнымъ*...

Нечего и говорить, что подобныя заявленія легко могли оказать вредное вліяніе на дѣтскіе умы. Но этого мало: г-жа Гано старается развить въ дѣтяхъ такого рода гордость своимъ происхожденіемъ и принадлежностью къ «именитой» семьѣ, которая скорѣе походитъ на высокомѣріе. Въ одномъ случаѣ маленькая внучка простодушно спрашиваетъ ее, какъ нужно обратиться къ прислугѣ, чтобы попросить ее что-то сдѣлать,—можно ли сказать ей: «пожалуйста»?.. Старая дама рѣшительно возстаетъ противъ этого; по ея мнѣнію, это было бы унизительно; ни она, ни ея родные не должны ни о чемъ *просить* прислугу,—они могутъ только *требовать*, а слово «пожалуйста» дало бы поводъ думать, что мнѣнію или желанію прислуги приписывается въ ея домѣ совершенно несвойственное значеніе...

Въ такую пору, когда въ душѣ ребенка еще только формируются взгляды и интересы, проповѣдь исключительности и кастоваго духа въ устахъ взрослыхъ, которые должны бы оказывать благотворное вліяніе на молодыя существа, производитъ особенно удручающее впечатлѣніе!...

Въ романѣ Анатоля Франса «Аметистовое кольцо», дѣйствіе котораго происходитъ въ эпоху дѣла Дрейфуса, мы видимъ, какъ толпа мальчишекъ ходитъ по улицамъ провинціальнаго города, съ крикомъ: «Долой Золя! Смерть жидамъ!» Этого мало: они отправляются къ лавкѣ какого-то сапожника Мейера, «заподозрѣннаго въ томъ, что онъ еврей», съ тѣмъ, чтобы, въ порывѣ усердія, выбить у него стекла... Все это подстроено косвенно ихъ родителями, такъ часто излагавшими въ ихъ присутствіи свои антисемитическіе взгляды, что у дѣтей, которые такъ любятъ копировать старшихъ, естественно могло явиться желаніе также принять участіе въ погромѣ, доказать на дѣлѣ свой «патріотизмъ». Одинъ изъ мѣстныхъ старожиловъ умиляется душою, видя это плачевное шествіе дѣтей по улицамъ города. «Какіе славные мальчики!»—восклицаетъ онъ съ восторгомъ.

Съ другой стороны, героиню романа австрійскаго беллетриста Пауля Михаэли «Когда же настанетъ день», еврейку изъ богатаго семейства, Ильзу Штейнбрюкъ, ея родители съ ранняго дѣтства учатъ скрывать свое еврейское происхожденіе, дружиться больше съ не-еврейками, копировать ихъ поступки, манеры, сужденія, мечтать, прежде всего, о выгодной партіи,—тогда какъ Ильза хотѣла бы многому научиться, прочесть интересующія ее книги, расширить свой кругозоръ...

Сходную ситуацію изображаетъ англійская беллетристка Л. Кливъ въ своемъ романѣ «Дѣти страданія», гдѣ обрисованъ еврейскій міръ, столкновеніе противоположныхъ теченій и оттѣнковъ въ современномъ еврействѣ. Въ романѣ отразилось, между прочимъ, сіонистское движеніе, которому сочувствуетъ главный герой, Рафаэль Риттеръ, сынъ лондонскаго банкира-еврея, совершенно не интересующагося національнымъ движеніемъ. Всѣ дѣти этого банкира воспитаны были въ полномъ отчужденіи отъ своего народа, его прошлаго, религіи, преданій. Сознавая, что его соплеменникамъ ничто не мѣшаетъ ассимилироваться и вполнѣ слиться съ кореннымъ населеніемъ, такъ какъ они пользуются тѣми же гражданскими и политическими правами, Риттеръ-отецъ, подобно многимъ людямъ его круга, старается воспитать своихъ дѣтей въ космополитическомъ духѣ, съ тѣмъ, чтобы они никогда не вспоминали объ еврействѣ и впослѣдствіи, при помощи брачныхъ союзовъ, породнились съ англійскими семьями.

Всѣ остальныя дѣти не оказываютъ противодѣйствія этой программѣ, намѣченной для нихъ отцомъ, но Рафаэль неожиданно обнаруживаетъ совершенно другія стремленія: у него пробуждается интересъ къ своему народу, не къ тому зажиточному его классу, который онъ видитъ вокругъ себя но къ тѣмъ братьямъ, которые выносятъ лишенія и преслѣдованія и ухватываются за сіонистскую мечту, какъ за спасительный якорь...

Рафаэль, одаренный увлекающеюся, мечтательною натурою, очень способный, даже талантливый, становится такимъ образомъ въ оппозицію къ тѣмъ взглядамъ, которые господствуютъ въ семьѣ. Онъ рвется въ Палестину, грезитъ даже о роли вдохновителя и вождя еврейскаго племени,—но всѣ близкіе къ мальчику люди гораздо практичнѣе смотрятъ на вещи и невольно отдаляютъ его отъ себя своимъ нежеланіемъ понять его мечты...

Отсутствіе гуманныхъ и культурныхъ основъ въ томъ воспитаніи, которое извѣстная семья даетъ дѣтямъ, выражается нерѣдко въ томъ, что ребенку не умѣютъ или не хотятъ прививать любви къ природѣ и въ особенности—къ животнымъ, и, напротивъ того, на ихъ глазахъ обращаются съ животными жестоко, безжалостно, развращая и портя дѣтскую душу, развивая въ ней дурные инстинкты, злорадство или черствость. Многіе беллетристы нашихъ дней неоднократно оттѣняли тотъ вредъ, который приноситъ впослѣдствіи дѣтямъ разъ усвоенная привычка мучить животныхъ или даже просто игнорировать ихъ существованіе, не интересоваться ихъ участью.

Въ разсказѣ нѣмецкой беллетристки Эмиль Марріотъ (псевд.) «Безъ хозяина» почтенный отецъ семейства, чтобъ не платить налога на собакъ, тайкомъ беретъ съ собой свою маленькую собачку, любимицу своей дѣвочки, заводитъ ее далеко отъ дома, въ чужую, незнакомую ей мѣстность, и тамъ бросаетъ на произволъ судьбы, поспѣшно спасаясь бѣгствомъ, въ надеждѣ, что собака не найдетъ дороги домой...

Жанъ Экаръ изображаетъ въ своемъ романѣ тщетныя попытки Реймона Мартеля сблизиться съ природою и животными. Въ семейномъ кругу все это считалось пустою сентиментальностью, и мальчикъ видѣлъ подчасъ отвратительныя сцены. Однажды, когда онъ былъ въ гостяхъ у родственниковъ, онъ вдругъ посадилъ на столъ собаку, которую держалъ до этого времени на рукахъ. Хозяинъ дома пришелъ въ негодованіе, вскочилъ съ своего мѣста, схватилъ собаку, сбросилъ ее на полъ и, не обращая вниманія на ея жалобные стоны, сталъ гнать ее вонъ, съ помощью пинковъ и ударовъ, не позаботившись даже о томъ, чтобы дверь была отворена... Эта сцена произвела удручающее впечатлѣніе на чуткаго и отзывчиваго мальчика. «Удары, которые обрушивались на бѣдное животное, отзывались въ моемъ сердцѣ», говоритъ онъ. Въ эту минуту онъ утратилъ значительную долю вѣры въ доброту и справедливость старшихъ...

Poil de Carotte наглядѣлся въ этомъ отношеніи еще болѣе возмутительныхъ сценъ, которыя оказали на него самое гибельное вліяніе. Мы видимъ, что его заставляютъ, напримѣръ, добивать куропатокъ, подстрѣленныхъ на охотѣ; вначалѣ ему очень тяжело и непріятно это дѣлать; онъ проситъ избавить его отъ этой обязанности, но всѣ надъ нимъ смѣются, возмущаясь его нежеланіемъ быть чѣмъ-нибудь полезнымъ старшимъ,—и постепенно онъ втягивается въ это занятіе! Маленькій мальчикъ хладнокровно сворачиваетъ шею куропаткамъ, а если онѣ все-таки не умираютъ тотчасъ же, разбиваетъ имъ голову носкомъ сапога... Стараго пса, Пирама, который осмѣлился залаять не во-время, бьютъ, чѣмъ попало, на глазахъ у ребенка. Это дикое, уродливое «воспитаніе» (замѣтимъ кстати, что родители мальчика считаютъ, съ другой стороны, возможнымъ потѣшаться въ его присутствіи, надъ слѣпымъ нищимъ и выпроваживаютъ его изъ дому, отнявъ у него даже палку), рано или поздно, должно принести свои плоды! Poil de Carotte ожесточается и привыкаетъ самъ варварски обращаться съ животными. Такъ, онъ мучитъ случайно пойманнаго имъ крота и, наконецъ, разбиваетъ его о камень...

Еще болѣе томительное впечатлѣніе производитъ глава «Котъ». Здѣсь разсказывается о томъ, какъ, услышавъ отъ кого-то, что кошачье мясо особенно хорошо для приманки рыбы, мальчикъ находитъ кота, «всѣми презираемаго, потому что онъ старъ, боленъ и кое-гдѣ покрытъ коростой», заманиваетъ его къ себѣ, угощаетъ молокомъ, нарочно ласкаетъ, потомъ приставляетъ къ его головѣ дуло пистолета, чтобы положить его на мѣстѣ. Котъ оказывается, однако, очень живучимъ, онъ не такъ скоро умираетъ, какъ надѣялся его мучитель; у него все еще судорожно сжимаются лапы. Тогда Poil de Carotte добиваетъ его рукояткою, а потомъ сдавливаетъ ему горло. «У него не хватило терпѣнія. *Все это тянулось слишкомъ ужъ долго*».

Ужасныя, возмутительныя сцены! Нѣтъ, вопросъ о развитіи въ дѣтскихъ сердцахъ любви къ животнымъ не можетъ быть отнесенъ къ числу праздныхъ и маловажныхъ! Привычка грубо обращаться съ животными или мучить ихъ приводитъ къ общей душевной черствости, жестокости и притупленію нравственнаго чувства. «Безъ гуманнаго, широкаго взгляда на животныхъ и ихъ права,—какъ и безъ терпимости къ отдѣльнымъ народамъ и племенамъ,—не можетъ быть истиннаго прогресса!..»

III.

«Знаешь, что я тебѣ скажу, Эгонъ? Твой отецъ любитъ мою маму больше, чѣмъ твою».. Такъ говоритъ въ повѣсти Эрнста Вильденбруха «Взрослые и дѣти» десятилѣтняя дѣвочка, Сибилла Гаушка, обращаясь къ своему ровеснику и товарищу, Эгону Апелю, и желая сообщить ему важную тайну, которою она ни съ кѣмъ еще не дѣлилась... Подобныя слова производятъ необыкновенно тяжелое и печальное впечатлѣніе въ устахъ ребенка, который не долженъ былъ бы еще задумываться надъ подобными вопросами и житейскими явленіями... Повѣсть Вильденбруха даетъ извѣстное понятіе о тѣхъ произведеніяхъ современныхъ авторовъ, которыя возсоздаютъ участь дѣтей, являющихся жертвами несчастныхъ браковъ, принужденныхъ быть свидѣтелями дурныхъ отношеній, розни и взаимнаго непониманія родителей, присутствовать иногда при тяжелыхъ, бурныхъ и отнюдь не назидательныхъ сценахъ, наконецъ, выносить на себѣ неизбѣжныя послѣдствія всѣхъ этихъ раздоровъ и столкновеній, приводящихъ къ разводу или разлукѣ супруговъ.

Въ этой повѣсти воспроизведена очень мрачная, драматическая ситуація. Мать десятилѣтняго Эгона находится въ послѣднемъ градусѣ чахотки и почти не можетъ вставать съ постели; что касается его отца, кантора Апеля, то, принимая, повидимому, участіе въ судьбѣ своей жены, онъ въ то же время незамѣтно поддался обаянію красоты, кокетства и страстнаго темперамента ихъ сосѣдки, вдовы Гаушка, живущей на той же лѣстницѣ и давно уже обратившей вниманіе на слабохарактернаго, застѣнчиваго и впечатлительнаго Апеля. Жена послѣдняго, изнемогая отъ болѣзни, смутно догадывается о томъ, что подготовляется за ея спиною, чувствуетъ невольное предубѣжденіе противъ здоровой, цвѣтущей женщины, которая, какъ ей кажется, съ трудомъ можетъ дождаться ея смерти и навѣщаетъ ее словно для того только, чтобы похвастаться своимъ торжествомъ... Г-жѣ Апель вскорѣ приходится съ ужасомъ убѣдиться въ томъ, что ея догадка была справедлива, и—странное дѣло—случайно открываетъ ей глаза, хотя и помимо своей воли, не кто другой, какъ маленькій Эгонъ, простодушно выбалтывающій довѣренную ему тайну...

Сибилла, дочка вдовы Гаушка, уже въ эту пору во многомъ похожая на нее, первая сообщила своему другу, подъ строгимъ секретомъ, что его отецъ любитъ ея мать и отдастъ ей предпочтеніе передъ своей женой. Совершенно случайно узнала дѣвочка всю правду, когда канторъ былъ въ гостяхъ у ея матери, и послѣдняя пустила въ ходъ всѣ средства, чтобы окончательно покорить его сердце. Отдѣльныя страницы изъ произведеній лучшихъ французскихъ романистовъ, затрогивавшихъ дѣтскій міръ и также останавливавшихся на подобныхъ сценахъ, невольно вспоминаются намъ, когда мы читаемъ описаніе тревожныхъ ощущеній Сибиллы, передъ которою неожиданно открывается невѣдомый міръ.

«Безшумно, точно дикая кошка, прокралась дѣвочка вслѣдъ за матерью; возлѣ двери, которую мать заперла за собою, она остановилась неподвижно, почти не дыша, глядя черезъ замочную скважину на то, что тамъ происходило... Вдругъ она увидѣла, какъ эти два человѣка, стоя посреди комнаты, упали другъ другу въ объятія, ласкали другъ друга, цѣловались. Это зрѣлище привело Сибиллу въ какое-то бѣшеное волненіе; слезы хлынули у нея изъ глазъ, она дрожала, точно въ лихорадкѣ. Это маленькое существо уже было, однако, одарено такимъ самообладаніемъ, что оно и тутъ не издало ни звука... Дѣвочка знала, что ей нужно будетъ быть въ постели, когда придетъ мать,—иначе она ее забранитъ. Не дѣлая никакого шума, она поспѣшно раздѣлась и юркнула въ свою бѣлую, чистую постель... Когда, много времени спустя, вдова Гаушка пришла спать, Сибилла лежала, закутанная одѣяломъ, повидимому объятая глубокимъ сномъ... Но она не спала... Въ ея маленькой головкѣ воздвигалась цѣлая башня событій, которыя неминуемо должно было повлечь за собою то, что она сейчасъ видѣла. Наконецъ, она почувствовала, что не въ силахъ одна разбираться во всѣхъ этихъ мысляхъ, несмотря на все свое самообладаніе. Поздно ночью вдова Гаушка проснулась отъ того, что какое-то существо прокралось къ ней, крѣпко обняло ее, прижалось къ ней всѣмъ тѣломъ, всхлипывая, ища своими губами ея лица...

— «Что это ты дѣлаешь, Сибилла?..

«Она хотѣла подняться и отстранить отъ себя дѣвочку. Но Сибилла еще крѣпче прижалась къ ней, не позволяя ей поднять голову съ подушекъ...

— «Ахъ, мама... мама... мама...—тутъ она точно запаслась дыханіемъ,—если г-жа Апель умретъ, то вѣдь господинъ канторъ будетъ моимъ папой?

«Точно уколотая острою иглою, г-жа Гаушка вся вздрогнула...

— «Богъ съ тобой, дитя, что ты говоришь?..

«Она чувствовала, что дѣвочка все знаетъ, что отъ нея не укрылось то, что происходило тутъ же, возлѣ нея... Мало того, Сибилла угадала инстинктомъ даже ея сокровенныя мысли, мечты, то, въ чемъ она долго не рѣшалась сознаться себѣ самой, что не получило еще опредѣленныхъ очертаній въ ея головѣ, такъ какъ она жила, прежде всего, настоящею минутою, очень рѣдко заглядывая впередъ, точно страшась иногда мысли о близкой смерти несчастной чахоточной женщины, которая одна только стояла ей поперекъ дороги, невольно разлучая ее съ тѣмъ, кого она полюбила такою страстною, неукротимою любовью.

— «Мама, а когда господинъ канторъ будетъ моимъ отцомъ, то Эгонъ станетъ моимъ братомъ?

— «Дитя мое... что ты говоришь?

— «Мама, не правда ли, вѣдь это такъ будетъ?..

— «Если бы все это такъ случилось,—прошептала мать,—то какъ же ему не быть...

«Она не могла договорить своей фразы до конца, такъ какъ Сибилла припала къ ея лицу и заглушила ея слова цѣлымъ потокомъ поцѣлуевъ.

— «О, мама, мама, мама!..

«Съ этого часа Сибилла была охвачена лихорадочнымъ ожиданіемъ. Она знала, что въ домѣ скоро должна появиться страшная гостья — смерть, по тревога, которую при этой мысли испытывала ея дѣтская душа, смягчалась другою, сладостною тревогою: она знала, что тогда Эгонъ будетъ ея братомъ, а она — его сестрой!..»

Унаслѣдовавъ отъ матери многія стороны характера и темперамента, къ тому же сбитая съ толку и деморализованная дурнымъ примѣромъ, Сибилла ждетъ съ минуты на минуту смерти г-жи Апель, слѣдитъ за выраженіемъ лица доктора, который ее лѣчитъ, когда тотъ выходитъ изъ квартиры Апелей, отваживается даже заговорить съ нимъ, не скрывая своей радости, когда вѣсти оказываются плохими. Наконецъ, она рѣшаетъ подѣлиться съ Эгономъ своей тайной и, выбравъ удобную минуту, говоритъ ему на ухо то, что ей извѣстно. Эффектъ получается однако совершенно неожиданный и непредвидѣнный: мальчикъ разражается громкимъ смѣхомъ, считая сообщенную ему новость просто глупою выдумкой, которая могла зародиться только въ головѣ «дѣвчонки». «Какъ же мнѣ не смѣяться,—говоритъ онъ въ отвѣтъ на замѣчаніе обиженной его смѣхомъ дѣвочки,—развѣ можетъ кто-нибудь любить чужую жену больше своей? Вѣдь это же безсмыслица!» Дѣвочка обѣщаетъ вскорѣ доказать ему, что она права. Тѣмъ временемъ Эгонъ спѣшитъ къ матери и, продолжая смѣяться, не понимая, что умирающую нужно щадить, преподноситъ ей, какъ образецъ «глупостей» Сибиллы, то, что ему пришлось отъ нея услышать. На г-жу Апель переданныя мальчикомъ слова производятъ ошеломляющее впечатлѣніе, хотя она и старается скрыть то, что чувствуетъ... Черезъ нѣсколько времени она вдругъ снова обращается къ той же темѣ, которую мальчикъ успѣлъ давно позабыть, увлекшись другими мыслями и мечтами, и проситъ Эгона переговорить еще разъ съ Сибиллой, узнать, о какихъ доказательствахъ она упоминала. Вильденбрухъ прекрасно передалъ душевное состояніе мальчика, который постепенно начинаетъ понимать истинный смыслъ того, что происходитъ почти что на его глазахъ, и что давно уже объяснила себѣ, какъ умѣла, его ровесница Сибилла... Послѣдняя нашла однако только радостную, счастливую для себя сторону въ измѣнѣ кантора своей женѣ и его подчиненіи волѣ страстной и настойчивой вдовы Гаушка; на Эгона разсказъ Сибиллы о томъ, что она видѣла черезъ замочную скважину, дѣйствуетъ удручающимъ образомъ: миръ и равновѣсіе его наивной дѣтской души поколеблены, что-то словно порвалось у него въ сердцѣ, мысль стать братомъ Сибиллы уже не настолько прельщаетъ его, а разочарованіе въ отцѣ, страхъ за участь любимой матери причиняютъ ему жгучую боль, наводятъ ребенка на много думъ... Мать требуетъ, чтобы онъ сказалъ ей всю правду относительно разоблаченій Сибиллы, такъ какъ въ преддверіи смерти мучительная тоска и безнадежная ревность терзаютъ ея душу. Эгонъ исполняетъ ея просьбу, но уже безъ такого беззаботнаго смѣха и легкаго отношенія къ дѣлу, какъ раньше... Вслѣдъ затѣмъ между отцомъ и матерью происходитъ бурное объясненіе, во время котораго мальчикъ прячется и затыкаетъ себѣ уши: «онъ испытывалъ ужасъ, сознавая, что въ той комнатѣ должно было произойти что-то страшное; тамъ находились его отецъ и мать,— а вѣдь теперь они были врагами». Г-жа Апель умираетъ, потрясенная, взволнованная, убитая тѣмъ, что ей пришлось испытать на закатѣ своихъ дней. Съ этой минуты Эгонъ начинаетъ чахнуть и хирѣть, и въ то время какъ его отецъ старается устроить свою жизнь по-новому, а Сибилла еще предается радужнымъ мечтамъ, онъ медленно приближается къ роковой развязкѣ, изнемогая подъ гнетомъ преждевременныхъ разочарованій и тяжелыхъ отголосковъ семейнаго разлада.

Говоря о тѣхъ произведеніяхъ, въ которыхъ изображается участь дѣтей, страдающихъ отъ разногласій и враждебныхъ отношеній родителей, невольно приходится вспоминать очень часто о повѣстяхъ и разсказахъ двухъ современныхъ беллетристокъ—Эмиля Марріота (псевдонимъ) и Габріэль Рейтеръ. Въ 1901 году беллетристка, пишущая подъ псевдонимомъ «Эмиль Марріотъ», выпустила сборникъ разсказовъ, съ характернымъ заглавіемъ «Несчастные браки», спеціально посвященный супружескимъ отношеніямъ, съ ихъ тѣневыми сторонами. Здѣсь мы находимъ между прочимъ весьма правдивый и содержательный разсказъ «Мама уѣхала». Авторъ передаетъ вначалѣ ощущенія тринадцатилѣтней дѣвочки, Этти, дочери важнаго австрійскаго чиновника, которая вдругъ узнаетъ, что «мама уѣхала», сдѣлавъ видъ, что уѣзжаетъ только на короткое время, но въ дѣйствительности рѣшивъ никогда болѣе не возвращаться. Этти невольно вспоминаетъ, что и раньше между отцомъ и матерью бывали иногда какіе-то нелады, которымъ она тогда не придавала значенія, что иногда «мама горько плакала», думая, что никто ея не видитъ, что, съ другой стороны, у матери часто бывалъ въ гостяхъ и подолгу засиживался одинъ господинъ, съ видомъ актера, который затѣмъ вдругъ безслѣдно пропалъ, послѣ чего мать стала еще грустнѣе и задумчивѣе... Вѣсть о томъ, что «мама уѣхала», даже не простившись съ нею, приводитъ дѣвочку въ отчаяніе и негодованіе; ей хочется выразить то, что она чувствуетъ, утѣшить и ободрить отца, сказать ему, что она его любитъ и жалѣетъ въ эту тяжелую минуту.

«Ея сердце отчетливо билось; она беззвучно подошла къ двери, тихо постучала.

— «Кто тамъ?—послышалось изнутри.

«Она даже не отвѣтила. Она ворвалась въ комнату, прямо въ его объятія, и повисла у него на шеѣ.

— «Папа! папа!

— «Успокойся, Этти! Успокойся, прошу тебя!

«Ея возбужденное состояніе, видимо, тревожило его. И какая-то неловкость чувствовалась въ его движеніяхъ, когда онъ посадилъ дрожащую, всхлипывающую дѣвочку къ себѣ на колѣни и отодвинулъ рукою пришедшіе въ безпорядокъ волосы, падавшіе ей на лицо...

— «Ты вѣдь постараешься для меня успокоиться?..

«Слова *для меня* подѣйствовали.

— «Я уже успокоилась, папа.

— «Ты знаешь, что твоя мать уѣхала?

— «Да, папа. Тетя Амалія говорила съ тобой о...— она запнулась,—о разводѣ,—произнесла она, наконецъ.

«Послѣдовала пауза.

— «Мы должны теперь жить еще дружнѣе съ тобой,— сказалъ отецъ, снова проводя рукой по ея волосамъ, съ тою же неловкостью.

— «Да, папа!—отвѣтила она, очень серьезнымъ тономъ.—Вся моя любовь принадлежитъ отнынѣ тебѣ одному!

«И въ этотъ знаменательный часъ она дала клятву, въ глубинѣ своего дѣтскаго сердечка, быть для отца всѣмъ, любить его, помогать ему, насколько хватитъ силъ, никогда, никогда не покидать его и позабыть вѣроломную мать, подобно тому какъ та забыла ихъ обоихъ.»

Вначалѣ Этти все же еще надѣется, что мать вернется, и все пойдетъ по-старому. Иногда она тоскуетъ безъ матери, хотя и не можетъ простить ей того, что она бросила ихъ съ отцомъ. Чѣмъ вызванъ былъ этотъ шагъ, она, конечно, не въ состояніи себѣ объяснить въ эту пору. Но ей тяжело и странно слышать, когда ея тетка, говоря съ нею о матери, называетъ послѣднюю «эта дама». «Вѣдь это же—моя мать! не могу же я забыть ее чуть не въ одну ночь!» восклицаетъ дѣвочка, пораженная этимъ названіемъ. Постепенно она привыкаетъ, однако, вѣрить тому, что ей разсказываютъ окружающіе, очень рѣдко говорящіе, правда, объ «этой дамѣ», но во всякомъ случаѣ считающіе ее во всемъ виноватою. Сама Этти начинаетъ смотрѣть на свою мать, какъ на порочную, недостойную женщину, о которой лучше всего не вспоминать. Она стыдится ея, охотно вырвала бы все прошлое изъ своей памяти, выноситъ иногда тяжелыя нравственныя мученія, которыя въ значительной степени лежатъ на совѣсти тѣхъ, кто ее окружаетъ и настроилъ въ извѣстномъ духѣ.

«Съ тѣхъ поръ, какъ послѣдняя, слабая надежда рухнула, Этти стала спокойнѣе. Мама никогда не вернется,— это она теперь хорошо знала... Она больше не ждала ея, не смотрѣла по направленію къ двери съ неопредѣленной надеждой, что мама, быть-можетъ, вдругъ появится и скажетъ: «вотъ я и вернулась». Все это было кончено. Но на смѣну этому явилось нѣчто другое: стыдъ! Этти страшно стыдилась. Имѣть такую мать!.. Она готова была провалиться сквозь землю, чтобы только скрыться отъ людей: настолько она стыдилась своей матери. Стоило какому-нибудь прохожему на улицѣ случайно взглянуть на нее,—она уже пугалась. Неужели онъ тоже зналъ о томъ, что случилось? Неужели ему извѣстна была ея исторія? Почему онъ такъ пристально смотрѣлъ на нее?..»

Только значительно позже, ставъ совершенно взрослой, выйдя замужъ, испытавъ рядъ разочарованій въ семейной жизни, героиня повѣсти начинаетъ по-другому смотрѣть на поступокъ матери, которой она даже не отвѣтила на письмо, когда та хотѣла впослѣдствіи встрѣтиться съ нею, возобновить сношенія... Извѣдавъ сама на опытѣ, что такое несчастный бракъ, она уже безъ всякаго озлобленія и вражды оцѣниваетъ рѣшительный шагъ матери, которая принуждена была долгіе годы жить съ человѣкомъ, гораздо старше ея годами, преисполненнымъ чопорности и педантизма, никогда не выказывавшимъ ей настоящей любви и ласки, и наконецъ увлеклась миражемъ истиннаго счастья, вполнѣ раздѣленной привязанности. Но, кто бы ни былъ правъ и виноватъ въ этой семейной драмѣ, несомнѣнно, что она положила неизгладимый отпечатокъ на душевный міръ впечатлительной и воспріимчивой Этти...

Въ другомъ разсказѣ Эмиля Марріота «У воротъ» выведена женщина, находящаяся, болѣе или менѣе, въ томъ же положеніи, что и мать Этти, томящаяся въ филистерской обстановкѣ, задыхающаяся въ обществѣ человѣка, который съ годами все болѣе опускается, толстѣетъ, лысѣетъ, становится крайне скупымъ, неподвижнымъ, прозаичнымъ и—равнодушнымъ къ своей женѣ. Но Кэте,—такъ зовутъ героиню этого разсказа,— не сдѣлала все же рѣшительнаго и рискованнаго шага. Одинъ только разъ она была близка къ тому, чтобы нарушить свой супружескій долгъ, увлекшись молодымъ и красивымъ профессоромъ и его вкрадчивыми, ласковыми, казалось, дышавшими искреннимъ расположеніемъ рѣчами. Она дала ему необдуманно слово пріѣхать на свиданіе, позабывъ въ эту минуту и мужа, и свой домъ, и дѣтей... Но въ назначенный день и часъ она осталась дома и ограничилась краткою запиской. Авторъ объясняетъ это отчасти тѣмъ, что «свѣтлые глазки дѣтей, на нее устремленные, удержали ее»... Но еще большую роль сыграла, кажется, въ этомъ случаѣ просто привычка къ извѣстному складу жизни, осторожность, боязнь слишкомъ крутыхъ и энергичныхъ рѣшеній, сознаніе, что, все равно, лучшіе годы уже прожиты ею. Что касается дѣтей, то ихъ участь, повидимому, волновала и захватывала ее только въ очень слабой степени, и забота о нихъ не могла ей скрасить недочетовъ семейной жизни. Вотъ какъ характеризуетъ беллетристка ея отношеніе къ дѣтямъ и взглядъ на ихъ права.

«Любитъ ли она своихъ дѣтей? Такого вопроса обыкновенно никто даже не задаетъ себѣ. Вѣдь само собою разумѣется, что каждая мать должна любить своихъ дѣтей... Того безграничнаго, все преображающаго, все сглаживающаго блаженства материнской любви, о которомъ пишется въ книгахъ, ей, правда, почти не пришлось испытать. Беременность и рожденіе дѣтей причиняли ей всегда несказанныя мученія. Выхаживаніе дѣтей было тоже сопряжено съ большими трудами. Она должна была изъ году въ годъ, изо дня въ день совершенно забывать о себѣ, чтобы исполнять свои материнскія обязанности. Она видитъ, что ея дѣти эгоистичны и взыскательны, какъ вообще всѣ дѣти. Тысячу жертвъ приноситъ имъ мать, а они продолжаютъ шумѣть и кричать, не обращая ни на что вниманія, когда мать ихъ проситъ сидѣть тише, такъ какъ у нея болитъ голова. Можно быть дурно настроеннымъ, разсѣяннымъ, утомленнымъ,—дѣтямъ нѣтъ до этого никакого дѣла. Они всегда налицо со своими потребностями, неистово выражаемыми желаніями, со своимъ нетерпѣніемъ, какъ только на нихъ не обращаютъ тотчасъ же вниманія. Мать, повидимому, существуетъ только ради дѣтей, а отнюдь не для себя самой... У Кэтѳ часто трещитъ голова; самое лучшее время это—то, когда дѣти спятъ. Сонъ вообще—лучшее, что есть. Если бы только ночь не проносилась такъ страшно быстро! День, наоборотъ, кажется ужасно длиннымъ».

При такомъ отношеніи къ дѣтямъ, при такомъ взглядѣ на свои материнскія обязанности, какъ своего рода ярмо или проклятіе, героиня разсказа, конечно, не изъ состраданія къ этимъ маленькимъ существамъ осталась у семейнаго очага, отказавшись отъ грезъ о личномъ счастьѣ и попытокъ отстаивать свои права...

Въ разсказѣ другой беллетристки, Габріэль Рейтеръ, «Вѣрность» затронуто положеніе дѣтей послѣ развода, хотя взятъ скорѣе частный, единичный случай. Героиня этого разсказа, молодая, красивая женщина, по имени Вальборгъ, была замужемъ; затѣмъ, послѣ серьезныхъ разногласій и непріятностей между супругами, дѣло дошло до развода, котораго не такъ легко было добиться, но который развязалъ ей, наконецъ, руки. При ней остался ребенокъ, маленькій мальчикъ, Эрни, котораго она горячо любитъ. Тѣмъ не менѣе, она еще не утратила надежды такъ или иначе устроить свою жизнь, испытать хоть что-нибудь отрадное, свѣтлое, что могло бы ее вознаградить за невзгоды и разочарованія, вынесенныя раньше. Мы видимъ, какъ она отправляется въ небольшое путешествіе, посѣщаетъ красивыя, живописныя мѣста, весело и оригинально проводитъ цѣлые дни и переживаетъ во время этой поѣздки непосредственное, горячее, чисто юношеское увлеченіе, приходя къ сознанію, что радость, наслажденіе, мечта о счастьѣ должны играть важную роль въ нашей жизни, отнюдь не заглушаемыя мрачными думами или умерщвленіемъ плоти. Въ такомъ настроеніи возвращается она домой, и маленькій Эрни, со свойственною нервнымъ дѣтямъ болѣзненно напряженною чуткостью и наблюдательностью, тотчасъ же замѣчаетъ, что съ матерью произошла какая-то перемѣна.

«Эрни, худенькій, слабый мальчикъ, съ тонкимъ, заострившимся личикомъ, сидѣлъ у нея на колѣняхъ, гладилъ ея щеки и внимательно разсматривалъ ее.

— «Мама, ты... совсѣмъ не такая, какъ прежде,—задумчиво произнесъ онъ.

— «Глупый мой мальчикъ, почему же не такая?..

— «Не знаю... ты перемѣнилась.

«Вальборгъ покраснѣла.

— «Ахъ, что ты говоришь!

— «Ты такъ легко ходишь, и платья твои словно колышутся, когда ты идешь... Ты такъ ласкова, такъ весела... Ахъ, мамочка, какъ ты мнѣ нравишься!»

Праздничное настроеніе Вальборгъ быстро смѣняется противоположнымъ, когда она узнаетъ, что за время ея отсутствія неожиданно пришло письмо отъ ея «бывшаго» мужа, о которомъ она надѣялась совершенно позабыть, хоть на это время. Эрни съ нѣкоторымъ недоумѣніемъ отдаетъ матери конвертъ съ этимъ письмомъ и спрашиваетъ, узнавъ хорошо ему знакомый почеркъ, не пріѣдетъ ли, быть-можетъ, отецъ къ нимъ назадъ, не объ этомъ ли онъ ей пишетъ?.. Вальборгъ съ волненіемъ распечатываетъ письмо, предчувствуя что-то дурное, зловѣщее, страшась новой встрѣчи съ этимъ человѣкомъ, когда-то оказывавшимъ на нее какое-то магическое дѣйствіе, заставлявшимъ ее безпрекословно исполнять то, чего ему хотѣлось, какъ бы это ни было ей тяжело. Теперь ея мужъ проситъ, чтобы она съ нимъ повидалась, такъ какъ у него есть до нея важное дѣло... Эта встрѣча оканчивается очень печально: онъ спокойно сообщаетъ Вальборгъ,—въ глубинѣ души не перестававшей его любить, несмотря на все, что она вынесла отъ него,— что *собирается жениться во второй разъ*, упоминаетъ вскользь о томъ, что маленькому Эрни, вѣроятно, очень скучно и тоскливо живется въ ея обществѣ («я туть ничего не могу сдѣлать», вставляетъ молодая женщина), и затѣмъ *проситъ* ее,—но такимъ тономъ, что она вдругъ чувствуетъ себя снова безвольною, слабою, принужденною покоряться,—отпускать къ нему почаще Эрни и, лучше всего, отправить къ нему въ первый разъ мальчика на другой же день утромъ...

— «Такъ ты пришлешь его завтра на вокзалъ? Вѣдь это только опытъ...

— «Опытъ?—пробормотала она заплетающимся отъ волненія языкомъ, съ неподвижными губами.—Да вѣдь ты хочешь его совсѣмъ оставить у себя?!

— «Я вовсе не желаю отнимать у тебя ребенка... Ну, да посмотримъ, что еще будетъ. Во всякомъ случаѣ, ты можешь съ нимъ видѣться, когда только захочешь...

— «Нѣтъ, я тебѣ не отдамъ его...—хотѣла она воскликнуть, но это ей не удалось, такъ какъ она должна была употребить всю силу воли, чтобы не разразиться горькими рыданіями.

— «Мальчикъ долженъ же немного разсѣяться... До свиданія, Вальборгъ. Лучше я самъ зайду за нимъ завтра, правда?»

Горячо любившая своего ребенка, женщина, которая, съ другой стороны, только-что мечтала и строила планы относительно будущаго, послѣ ухода этого человѣка, когда-то бывшаго ей такимъ близкимъ, остается точно прикованною къ столу, гдѣ сидѣла, неспособная даже плакать, всецѣло охваченная ужасомъ при мысли, что завтра у нея возьмутъ ея мальчика, чтобы перенести его въ другую обстановку, другую среду, воспитать его совсѣмъ не такъ, какъ бы она сама это сдѣлала, отдалить его отъ матери...

Въ другомъ разсказѣ «Возвращеніе мертвеца» Габріэль Рейтеръ обрисовываетъ печальный, несчастный бракъ и семейный разладъ, осложняющійся душевною болѣзнью одного изъ супруговъ. У г-жи Дорритъ есть прелестная дѣвочка, Гельга, выростающая въ томъ убѣжденіи, что ея отецъ давно умеръ. Въ дѣйствительности, онъ находится въ домѣ для умалишенныхъ, и его недугъ вначалѣ признается совершенно неизлѣчимымъ. Г-жа Дорритъ, и раньше не знавшая счастья съ этимъ человѣкомъ, теперь, въ виду его хроническаго душевнаго разстройства, возбуждаетъ ходатайство о разводѣ, считая, что ея право на полученіе развода въ данномъ случаѣ вполнѣ очевидно и не должно вызывать сомнѣній. Судъ отклоняетъ однако ея просьбу въ виду того, что здоровье г-на Доррита можетъ еще нѣсколько поправиться, и было бы жестоко лишить его навсегда «попеченія любящей супруги»... Эти слова, въ которыхъ точно чувствуется скрытая иронія, имѣютъ своимъ результатомъ то, что мужа г-жи Дорритъ, какъ только его душевное разстройство переходитъ въ простой идіотизмъ, доставляютъ къ ней на квартиру въ сопровожденіи служителя изъ сумасшедшаго дома. Габріэль Рейтеръ изображаетъ далѣе ощущенія, какъ жены несчастнаго идіота, которая должна жить въ тѣсномъ общеніи съ нимъ, быть-можетъ, еще долгіе годы, хотя онъ давно сталъ для нея совершенно чужимъ человѣкомъ, такъ и въ особенности—бѣдной Гельги, нервной, впечатлительной дѣвочки, которой, въ силу закона наслѣдственности, и такъ передались нѣкоторые зловѣщіе признаки такихъ же аномалій, какія съ теченіемъ времени получили такое ужасное развитіе у ея отца,—и которая принуждена теперь постоянно видѣть передъ собой больного, впавшаго въ идіотизмъ, пугающаго ее своими пріемами и отрывочными фразами человѣка. Гельга чахнетъ, постоянно задумывается, сосредоточиваетъ все свое вниманіе на отцѣ, со страхомъ думаетъ о своей собственной участи, неоднократно спрашиваетъ мать, неужели ее тоже запрутъ въ сумасшедшій домъ, и наконецъ лишаетъ себя жизни, бросившись въ воду, подъ вліяніемъ тревожныхъ мыслей и уже начавшагося у ней психическаго разстройства...

Сюжетъ этого разсказа имѣетъ нѣкоторыя общія черты съ отдѣльными главами изъ романа Ильзы Фрапанъ «Работа», надѣлавшаго много шума и вызвавшаго немало толковъ, но не какъ отраженіе дѣтскаго міра и психологіи, а какъ памфлетъ, направленный противъ медицинской среды и въ частности—противъ медицинскаго факультета цюрихскаго университета. Героиня романа, Жозефина Гейеръ, слушаетъ лекціи въ этомъ университетѣ, съ тѣмъ чтобы, по окончаніи курса и выдержаніи экзаменовъ, заняться практикою и содержать своихъ четырехъ дѣтей. При этомъ она имѣетъ возможность изучить нравы, отношеніе къ своему призванію, взгляды и пріемы профессоровъ, ихъ помощниковъ, студентовъ, учащихся женщинъ, ознакомиться съ клиническими порядками, изучить всѣ недостатки и слабыя стороны современной постановки больничнаго дѣла и т. д. Результаты этихъ наблюденій, изложенные въ книгѣ г-жи Фрапанъ, совершенно въ духѣ русскаго изобразителя и критика той же среды, г. Вересаева, навлекли на нее различныя нападки, обвиненія, коллективные протесты студентовъ, враждебное отношеніе цюрихскихъ жителей... Для насъ, въ данномъ случаѣ, книга интересна съ другой точки зрѣнія. Мужъ героини романа, докторъ Гейеръ, совершивъ уголовное преступленіе, приговоренъ былъ судомъ къ нѣсколькимъ годамъ заключенія въ смирительномъ домѣ. Дѣти остались на рукахъ Жозефины, которая должна была сама заботиться объ ихъ воспитаніи и добывать средства, необходимыя для того, чтобы они не знали нужды и лишеній. Трудясь изо всѣхъ силъ, она принуждена была, сверхъ того, выдерживать иногда пытливый допросъ со стороны дѣтей, особенно старшихъ, которыя хотѣли непремѣнно знать, гдѣ находится ихъ папа, и плохо вѣрили тѣмъ объясненіямъ, какія она для нихъ придумывала. Оставшись наединѣ, Германъ и Рэзли часто ломаютъ дѣтскія головки, чтобы допытаться, что же сталось съ ихъ отцомъ.

— «Мнѣ хотѣлось бы знать, въ какой больницѣ лежитъ нашъ папа,—говоритъ однажды маленькій Германъ шопотомъ своей сестрѣ.—Навѣрное, мама его совсѣмъ не любитъ, а то она, конечно, навѣстила бы его. Нѣтъ, я самъ когда-нибудь поѣду, буду переходить отъ одной двери къ другой и спрашивать: не здѣсь ли мой папа?

— «Я тоже пойду съ тобой,—прошептала Рэзли.

— «Нѣтъ, ты не ходи, это мужское дѣло... Знаешь, можетъ-быть, папа давно уже умеръ, а мама только не хочетъ намъ сказать. Онъ вышелъ когда-нибудь утромъ, когда мы еще спали, и не вернулся домой. Его навѣрное убили. Надо поискать его могилу. Я положу ему вѣнокъ изъ плюща и иммортелей. Это всегда кладутъ мертвымъ.

— «Бѣлыя розы тоже берутъ для мертвыхъ... я принесу ему,—прошептала Рэзли, боязливо прижимаясь къ брату.

— «Нѣтъ, ты не дѣлай этого... ты еще слишкомъ мала... ты—глупая дѣвчонка. Папу убили...

— «Ты все лжешь,—я разскажу объ этомъ мамѣ.

— «Глупая, а почему же тогда она всегда ходитъ въ черномъ? Вѣдь это—траурный цвѣтъ. Вотъ видишь.

— «Что же, у насъ скоро будетъ новый папа?

— «Новый папа»! Такъ не говорятъ,—нужно сказать: вотчимъ...»

Жозефинѣ приходится сочинять различныя небылицы, чтобы успокоить дѣтей, увѣряя ихъ, напримѣръ, что отецъ путешествуетъ по Африкѣ и можетъ вернуться только черезъ нѣсколько лѣтъ... Вкладывая всю свою душу въ заботу о дѣтяхъ, оттолкнувъ отъ себя мысль о личномъ счастьѣ, она видитъ, однако, что у тѣхъ остается какая-то безотчетная тоска по отцѣ, котораго они совершенно не знаютъ, но который имъ дорогъ, прежде всего, благодаря той таинственности, какою окружена его личность. Когда г. Гейеръ, отбывъ срокъ наказанія, возвращается домой, онъ пріѣзжаетъ, если не совсѣмъ въ такомъ состояніи, какъ мужъ г-жи Дорритъ, то все же ставъ въ значительной степени ненормальнымъ, слабоумнымъ и въ то же время требовательнымъ и капризнымъ. Жозефина должна теперь заботиться еще объ одномъ лицѣ, которое вдобавокъ, вспомнивъ свои прежнія привычки, несмотря на свое болѣзненное состояніе, считаетъ еще возможнымъ смотрѣть на жену свысока, подсмѣиваться надъ нею, читать ей мораль. На дѣтей возвращеніе отца производитъ очень сильное впечатлѣніе, при чемъ Германъ, во многомъ напоминающій его, все болѣе сближается съ нимъ и становится дерзкимъ и непочтительнымъ съ матерью, тогда какъ маленькую Рэзли, наоборотъ, инстинктивно влечетъ къ матери, чью натуру и наклонности она въ значительной степени унаслѣдовала.

Отдѣльно должны быть поставлены тѣ произведенія,— въ родѣ драмы Шницлера «Завѣщаніе»,—въ которыхъ возсоздается судьба внѣбрачныхъ дѣтей, выносящихъ иногда, по большей части—вмѣстѣ со своими матерями, разнообразныя невзгоды и страданія. Сюда относится и пьеса Филиппа Лангмана «Нашъ Тедальдо», гдѣ отецъ совершенно не интересуется судьбою своего ребенка, явившагося плодомъ мимолетной, давно забытой связи, впослѣдствіи неоднократно встрѣчается и бесѣдуетъ съ нимъ, не открывая ему, что онъ—его отецъ, держа себя какъ постороннее лицо, повидимому лишенный какихъ-либо родительскихъ чувствъ... Когда въ концѣ пьесы Норбертъ,—такъ зовутъ молодого человѣка,—трагически погибаетъ, то лицо, которое замѣнило ему въ дѣтствѣ отца, въ рѣзкихъ выраженіяхъ обвиняетъ его родного отца въ равнодушномъ, безучастномъ отношеніи къ своему ребенку. «Теперь вы наказаны. Вы не видѣли, какъ выросталъ ребенокъ: я, я—его настоящій отецъ! Вы лишены были счастья—стать свидѣтелемъ того, какъ онъ развивался тѣломъ, сердцемъ и разумомъ... Сколькихъ радостей вы себя лишили! Правда,—и многихъ горестей; но вѣдь это были горести, связанныя съ ребенкомъ, который одинъ только придаетъ жизни цѣну, объясняетъ человѣку, для чего онъ существуетъ на этомъ свѣтѣ, гдѣ, не имѣя этого, мы часто не видимъ передъ собою никакой цѣли... Но вы будете еще болѣе наказаны, когда вашъ сынъ когда-нибудь будетъ говорить съ вами. Съ какимъ лицомъ будете вы стоять передъ нимъ? Какъ бѣдный грѣшникъ—передъ собственнымъ ребенкомъ!..»

IV.

«Мама, мнѣ кажется, что отецъ недостаточно сильно любитъ тебя!» Эта фраза неожиданно срывается съ устъ хорошенькой 11-тилѣтней дѣвочки, Женевьевы Руайомонъ, выступающей въ повѣсти Марселя Прево «Счастливая семья», когда она начинаетъ догадываться, что жизнь ея любимой матери отнюдь не можетъ быть названа безмятежною и отрадною... Женевьева—типичная представительница грустной категоріи дѣтей, принужденныхъ въ самые ранніе годы быть свидѣтелями дурныхъ отношеній и раздоровъ между родителями или даже ихъ полнаго разрыва. Преждевременное знакомство съ такими грустными житейскими явленіями, естественно, кладетъ неизгладимый отпечатокъ на дѣтскую душу, подрываетъ любовь и уваженіе къ родителямъ, иногда безповоротно возстановляетъ ребенка противъ той стороны, которая ему кажется всего болѣе виноватою. Веселая, бойкая, впечатлительная, вмѣстѣ съ тѣмъ — нѣсколько вспыльчивая и необузданная по натурѣ, Женевьева дѣлается задумчивою и серьезною, какъ только начинаетъ понимать, что происходитъ тутъ же, рядомъ съ нею, что скрывается за комфортомъ и уходомъ, которымъ она окружена... Ея сердце, какъ выражается ея мать, часто выноситъ страданія отъ соприкосновенія съ жизнью. Иногда у нея является неудержимое, безотчетное желаніе куда-нибудь уѣхать вмѣстѣ съ матерью, порвать съ ихъ обычной средой и обстановкой, зажить по-новому.

— «Мама, у тебя сегодня печальный видъ... Что, если бы мы совершили путешествіе куда-нибудь?

— «Путешествіе? Куда же, моя дорогая дѣвочка?

— «Я не знаю... можно было бы справиться въ атласѣ... выбрать какой-нибудь городъ на берегу озера... мы бы поѣхали съ тобой вдвоемъ.

— «А папа?—спрашиваетъ Сесиль Руайомонъ, которая начинаетъ внимательнѣе прислушиваться къ словамъ дочери, угадывая въ нихъ скрытый смыслъ;—вѣдь мы взяли бы его съ собой, не такъ ли?

— «Папа не захочетъ ѣхать съ нами,—убѣжденно отвѣчаетъ дѣвочка.—Онъ любитъ жить здѣсь! Со временемъ... когда онъ соскучится въ Парижѣ, онъ, можетъ быть, и пріѣдетъ къ намъ...»

Отецъ Женевьевы, неисправимый дамскій кавалеръ и побѣдитель сердецъ, несмотря на свой солидный возрастъ, не только не дѣлаетъ ей ничего плохого, но подчасъ бываетъ даже ласковъ съ нею. Тѣмъ не менѣе, дѣвочка прекрасно чувствуетъ, что и она, и мать играютъ въ его жизни лишь второстепенную роль... Иногда онъ хочетъ показать ей вниманіе и ласку, покупаетъ ей подарокъ, но очень часто по забывчивости и разсѣянности даритъ ей по два раза ту же самую вещь,—и эта небрежность болѣзненно отзывается въ чуткой, нѣжной душѣ Женевьевы, хотя она не показываетъ вида... Бываютъ и такія полосы, когда онъ пресерьезно желаетъ изобразить изъ себя примѣрнаго, заботливаго отца. Онъ вдругъ освѣдомляется, послѣ значительнаго промежутка, о томъ, какъ учится дѣвочка, и, узнавъ отъ ея гувернантки и учительницы, что иногда она бываетъ разсѣянна, произноситъ наставительнымъ тономъ: «Не нужно быть разсѣянною, Женевьева! Нужно все дѣлать старательно!» Потомъ онъ принимается ее экзаменовать, требуетъ, чтобы она знала главный городъ каждаго департамента, и попадаетъ въ очень затруднительное положеніе, когда обнаруживается, что какое-то названіе она забыла,—такъ какъ самъ онъ не помнитъ почти ни одного... Женевьева вызывается сказать наизусть монологъ изъ «Гоѳоліи» Расина; согласившись на это, онъ разсѣянно слушаетъ ее, а на четвертой фразѣ схватывается за часы и, увидавъ, что можетъ опоздать на свиданіе, поспѣшно ретируется. «Я вижу, ты хорошо знаешь свою *басню*»,—говоритъ онъ ей, уходя...

Когда приближается день рожденія Женевьевы, она долго не хочетъ вѣрить тому, что отецъ обѣщалъ провести часть этого дня въ ихъ кругу, пообѣдать съ ними. Она встаетъ съ постели въ праздничномъ настроеніи, чувствуетъ себя необыкновенно счастливою, хочетъ нарочно принарядиться: «мнѣ было бы пріятно, если бы папа нашелъ меня сегодня хорошенькою». Руайомонъ, дѣйствительно, является къ обѣду, но держитъ себя какъ-то странно, обращаетъ мало вниманія на дочь, все время ерзаетъ на стулѣ, ничего не ѣстъ, потомъ вдругъ срывается съ мѣста и, придумавъ какой-то нескладный предлогъ, исчезаетъ, чтобы во второй разъ пообѣдать вмѣстѣ со своею возлюбленною... Дѣвочка потрясена до глубины души; эта «одиннадцатилѣтняя куколка, маленькая женщина будущаго», оскорблена и за себя, и за мать, страданія которой она хорошо понимаетъ. Послѣ того, какъ отецъ скрылся за дверью, она подходитъ къ матери и какимъ-то особеннымъ, многозначительнымъ тономъ говоритъ ей, забывая въ эту минуту о своемъ личномъ огорченіи: «Мама, мама, не горюй!»

Убѣдившись въ томъ, что мужъ ей измѣняетъ, узнавъ даже точныя детали, г-жа Руайомонъ рѣшаетъ одно время добиваться развода, чтобы прекратить невыносимое положеніе вещей. Она идетъ къ адвокату по бракоразводнымъ дѣламъ, излагаетъ ему все свое дѣло, проситъ его совѣта, но въ послѣднюю минуту, когда нужно перейти къ рѣшительнымъ мѣрамъ, неожиданно заявляетъ ему, что сперва посовѣтуется съ дочерью, узнаетъ ея мнѣніе. Адвокатъ смотритъ на нее съ невольнымъ изумленіемъ и думаетъ про себя: «Эта женщина сходитъ съ ума. Она хочетъ спрашивать совѣта относительно своего развода у дѣвочки, которая даже не представляетъ себѣ, что такое бракъ». Женевьева оказывается, однако, гораздо болѣе проницательною, чѣмъ предполагалъ опытный и популярный адвокатъ. «Папа очень плохо обращается съ тобою,—говоритъ она матери.—Мама, мама, не передавай мнѣ ничего! Не разсказывай! Увѣряю тебя, что я все понимаю... мнѣ ничего не нужно объяснять,—это меня огорчило бы еще больше!.. Папа тебя не любитъ,—бѣдная мама!» Сесиль ставитъ вопросъ ребромъ:

— «Если я... уѣду отсюда, это тебя не удивитъ?
— «Со мною вмѣстѣ?
— «Да, если ты захочешь!
— «Хорошо, уѣдемъ, я хочу быть всегда тамъ, гдѣ ты!»

Разочаровавшись въ отцѣ, дѣвочка никакъ не можетъ простить ему того, что онъ сдѣлалъ: «Онъ заставилъ тебя страдать,—я его не люблю,—говоритъ она въ другомъ случаѣ.— Когда я вспоминаю о немъ,—противъ своей воли,—я тотчасъ сержусь на самое себя, я щиплю себя, чтобы испытать боль». Вскорѣ Поль Руайомонъ, раскаявшись—уже не въ первый разъ—въ своихъ похожденіяхъ, возвращается опять къ семейному очагу, и добрая, незлобивая Сесиль соглашается все забыть, дѣлать видъ, что ничего и не было... Но Женевьева не можетъ такъ скоро измѣнить свой взглядъ на человѣка, въ которомъ она разочаровалась. Она держитъ себя съ нимъ холодно, почти ничего не говоритъ, приглядывается къ нему, въ глубинѣ души возмущена слабостью и излишнимъ мягкосердечіемъ матери. Много времени проходитъ, прежде чѣмъ неотразимому побѣдителю женскихъ сердецъ удается одержать самую трудную побѣду—надъ чистымъ и отзывчивымъ сердцемъ своей дѣвочки, доказать ей своею ласкою по отношенію къ ней и матери, что онъ дѣйствительно сталъ другимъ человѣкомъ...

Въ болѣе раннемъ своемъ романѣ «Завѣтный садъ» Прево изображаетъ сходную ситуацію. Здѣсь мы опять видимъ обманутую мужемъ женщину, Марту Лекудрье, которая возлагаетъ всѣ свои надежды на свою дочку, Ивонну, желая опереться на ея любовь и сочувствіе. Задумываясь надъ вопросомъ, какое рѣшеніе ей принять, она все время имѣетъ въ виду будущій приговоръ дѣвочки, когда она достигнетъ сознательнаго возраста. Ей бы хотѣлось, чтобы Ивонна сказала ей впослѣдствіи: «Мама, ты хорошо поступила».—«Мое печальное открытіе (относительно невѣрности мужа) не сдѣлало для меня Ивонну болѣе дорогою,—пишетъ она,—но я все же чувствую потребность выразить ей въ болѣе горячей формѣ мою нѣжность». Но Ивонна выведена гораздо менѣе симпатичною, искреннею, чѣмъ Женевьева—изъ предыдущаго романа. Г-жа Лекудрье начинаетъ замѣчать, что у дѣвочки есть въ натурѣ что-то холодное, сдержанное, не вполнѣ правдивое, точно унаслѣдованное отъ отца. «Я тотчасъ же прекрасно замѣтила, что она позволяла мнѣ обнимать ее съ большей охотой, чѣмъ обыкновенно. Ловкая, смышленая и политичная, она догадывается, что въ домѣ готовится какая-то драма: она интересуется ею и приспособляется къ ней! Электрическая напряженность окружающей атмосферы возбуждаетъ ее». Она пытается кое-что вывѣдать у матери, подобно тому какъ раньше она обращалась со своими разспросами къ прислугѣ.

— «Знаешь, Ивонна, папа прислалъ телеграмму,—говоритъ Марта, чтобы что-нибудь сказать.

— «Ахъ, онъ, значитъ, доѣхалъ туда?

— «Да.

— «И что же, онъ нашелъ тамъ много денегъ?

«Ея глазки блестятъ отъ любопытства и разгорѣвшагося аппетита, когда она предлагаетъ этотъ вопросъ.

Ивонна любитъ деньги! Она находитъ насъ недостаточно богатыми и, я думаю, немного презираетъ насъ за наше ничтожество». Черезъ нѣсколько минутъ она заявляетъ: «Папа долженъ бы выбрать такое занятіе, которое приноситъ много денегъ».

Когда мать задаетъ ей вопросъ, кого она любитъ больше, отца или ее, хорошенькая Ивонна старается очень дипломатично избавиться отъ категорическаго отвѣта, такъ какъ она не знаетъ, какъ сложатся дальнѣйшія обстоятельства... Мать неожиданно предлагаетъ ей отправиться къ любимой подругѣ, чтобы играть съ нею; дѣвочка на первыхъ порахъ сіяетъ отъ радости, такъ какъ ее не часто отпускаютъ въ гости, но, развитая и догадливая не по лѣтамъ, пріученная къ подозрительности тѣмъ, что происходитъ около нея, она тотчасъ же соображаетъ, что мать, вѣроятно, просто хочетъ остаться одна и временно избавиться отъ ея присутствія, чтобы заняться какими-то важными дѣлами; она уходитъ, почти не поблагодаривъ ее, нахмурившись, полная недовѣрія и скрытой ироніи... Въ другомъ случаѣ Марта убѣждается въ томъ, что дѣвочка умѣетъ уже лгать и хитрить, находя въ данномъ случаѣ поддержку со стороны ненадежной, желающей угодить «и нашимъ, и вашимъ» горничной.

Герой двухъ извѣстныхъ романовъ Эдуарда Рода, политическій дѣятель Мишель Тейсье, человѣкъ уже не первой молодости, влюбляется въ молодую дѣвушку, Бланшъ д'Эстэвъ, и, когда объ этомъ узнаетъ его жена, не видя другого исхода, не желая играть фальшивую роль, рѣшаетъ, поступившись своими основными взглядами на семейный вопросъ, добиваться развода и затѣмъ жениться на Бланшъ. Этотъ шагъ разбиваетъ жизнь его жены, Сюзанны, ни въ чемъ неповинной женщины, беззавѣтно ему преданной, честной и безкорыстной по натурѣ. Но не одна только Сюзанна страдаетъ по винѣ Тейсье: двѣ его дѣвочки, восьмилѣтняя Анни, не по лѣтамъ серьезная, задумчивая и грустная, и шестилѣтняя Лорансъ, любящая пошалить, веселая и живая, смутно сознаютъ, что у нихъ въ домѣ что-то неладно, что мать, видимо, переноситъ тяжелыя минуты, и это сознаніе отравляетъ имъ всякую радость, преждевременно вызываетъ въ ихъ дѣтскихъ головкахъ много непривычныхъ мыслей и догадокъ, чтобы затѣмъ отравить имъ лучшую пору юности...

Однажды двѣ дѣвочки уходятъ при Сюзаннѣ на свою обычную прогулку съ бонной, и она такъ нѣжно и горячо ихъ обнимаетъ и цѣлуетъ,—«точно желая защитить ихъ отъ невѣдомой опасности»,—что онѣ тоже какъ-то особенно ласково прощаются съ нею, стараясь ее успокоить, утѣшить, «благодаря проницательности, помогающей иногда дѣтямъ угадывать страданія, которыя имъ самимъ суждено когда-нибудь извѣдать». Когда настроеніе Сюзанны становится еще болѣе мрачнымъ и безотраднымъ, чѣмъ раньше, такъ какъ она все узнаетъ и уже не можетъ себя утѣшить никакими иллюзіями, дѣти мало-по-малу дѣлаются еще болѣе смирными, задумчивыми, сосредоточенными.

«Время отъ времени одна изъ дѣвочекъ спрашивала: «Мама, ты, вѣрно, больна?» Тогда она прижимала ихъ къ своей груди, охваченная внезапнымъ порывомъ нѣжности, вскорѣ наполнявшимъ ея глаза слезами... Однажды Анни сказала ей вдругъ, въ моментъ одного изъ тѣхъ приступовъ безпокойства, которые свойственны чуткимъ дѣтямъ, угадывающимъ то, чего они еще не могутъ понять: «Мама, я не хочу, чтобы ты умерла». Сюзанна, цѣлуя ея волосы, тихо прошептала: «А я такъ хотѣла бы умереть!» Мысль объ ея дѣвочкахъ долгое время мѣшаетъ несчастной женщинѣ разойтись съ измѣнившимъ ей человѣкомъ, добиваться развода. «Ахъ, дѣти, дѣти!—восклицаетъ она,—если бы не они, меня бы уже давно не было здѣсь!»

Наступаетъ, наконецъ, тотъ день, когда Мишель Тейсье долженъ уѣхать изъ своего дома, чтобы никогда болѣе не вернуться. Онъ прощается съ дѣтьми, какъ ни въ чемъ не бывало, стараясь ихъ увѣрить, что онъ просто отправляется въ путешествіе.

— «Прощайте, дѣти! Прощай, Анни! Прощай, моя маленькая Лорансъ!

— «Мы не знали, что ты уѣзжаешь, папа. Когда же ты вернешься?

— «Не знаю!

— «Ты уѣдешь очень далеко?

— «Да.

— «Въ Россію?

— «Нѣтъ, не въ Россію,—въ другое мѣсто!..

— «Когда ты пріѣдешь назадъ, ты вѣдь намъ привезешь что-нибудь красивое?

— «Да, мои дорогія, я вамъ привезу что-нибудь очень красивое!»

И Тейсье чувствуетъ, что его голосъ дрожитъ, что онъ съ трудомъ можетъ побороть свое волненіе... Послѣ его ухода Сюзанна, которая теперь уже не въ силахъ сдерживать слезы, подступившія ей къ горлу, начинаетъ горько плакать... Анни и Лорансъ, пораженныя этою сценою, подбѣгаютъ къ ней, чтобы ее утѣшить. «Мама, что съ тобой? Ты плачешь потому, что папа уѣхалъ? Но вѣдь онъ же вернется!»—«Нѣтъ, милыя крошки! Папа не вернется никогда, никогда!» Тогда обѣ дѣвочки тоже начинаютъ плакать, хотя, конечно, не вполнѣ понимаютъ значеніе того, что произошло на ихъ глазахъ. Но воспоминаніе объ этой тяжелой сценѣ продолжаетъ жить въ ихъ дѣтскихъ головкахъ, а когда наступаетъ болѣе сознательный возрастъ, истинный смыслъ внезапнаго исчезновенія отца и безысходнаго горя матери становится вполнѣ понятнымъ для Анни и Лорансъ, наполняя ихъ чуткія сердца скорбью и тоскою.

Изъ романа «Вторая жизнь Мишеля Тейсье» мы узнаемъ нѣкоторыя детали относительно того, что происходило у его домашняго очага послѣ того, какъ онъ его покинулъ. Анни, ставшая уже 18-тилѣтней дѣвушкой, часто вспоминаетъ свое дѣтство; ей особенно памятно, какъ послѣ отъѣзда отца мать стала еще ласковѣе и добрѣе по отношенію къ нимъ, чѣмъ раньше; но обѣ онѣ догадывались, по разнымъ недомолвкамъ, что за этою лаской скрывается мучительное горе. Какое-то инстинктивное чувство мѣшало Анни спросить объ отцѣ и о Бланшъ, которую онѣ когда-то такъ хорошо знали и любили. Однажды она все же поставила матери категорическій вопросъ: «Развѣ мы не такія же, какъ всѣ?» И Сюзанна, наконецъ, разсказала ей о томъ, что отецъ ихъ покинулъ, полюбивъ другую женщину... Этотъ разговоръ произвелъ сильное впечатлѣніе на добрую и грустную Анни. Съ этихъ поръ она уже не рѣшалась упоминать въ бесѣдѣ съ матерью имя отца. «Но она думала о немъ безъ гнѣва, безъ ненависти, скорѣе—съ нѣжнымъ чувствомъ состраданія, какъ будто, почти ничего не зная, она уже угадывала инстинктомъ происшедшую семейную драму». Ей хотѣлось увидѣть отца, сказать ему, что она его не забываетъ, любитъ попрежнему... Наоборотъ, болѣе живая, увлекающаяся и страстная Лорансъ чувствовала только раздраженіе и скрытую вражду по отношенію къ отцу и въ особенности—къ той женщинѣ, которая заставила его забыть о своей семьѣ...

Но и самъ Тейсье вынесъ немало нравственныхъ терзаній подъ вліяніемъ разлуки со своими дѣвочками, которыхъ онъ не переставалъ любить. «Виновный передъ ними, глубоко сознавая свою вину (даже въ ту пору, когда онъ совершалъ ее), онъ рѣшился, въ ихъ же интересахъ, отказать себѣ въ тѣхъ свиданіяхъ съ ними, которыя были разрѣшены ему закономъ и которыя, конечно, удивили бы ихъ». Онъ предпочиталъ, чтобы дочери думали, что онъ умеръ, чѣмъ чтобы онѣ знали его жизнь. Бланшъ, ставъ женою Тейсье и поддаваясь хорошимъ инстинктамъ своей натуры, неоднократно совѣтовала ему повидаться съ Анни и Лорансъ: «Я не хочу отнимать у твоихъ дочерей отца»,—говорила она ему.—«Все, что я могу теперь сдѣлать для нихъ, это избавить ихъ отъ заботъ обо мнѣ», отвѣчалъ обыкновенно Тейсье. Проходятъ годы, и въ ту пору, когда Анни исполнилось 18 лѣтъ, а Лорансъ—16, Тейсье получилъ телеграмму, извѣщающую его о кончинѣ Сюзанны. Онъ въ ту же минуту рѣшаетъ взять къ себѣ въ домъ обѣихъ дочерей, оставшихся теперь совершенно одинокими.

— «Вѣдь я ихъ долженъ привезти къ намъ, не правда ли?—спрашиваетъ онъ у Бланшъ, уѣзжая на вокзалъ, чтобы попасть во-время на похороны Сюзанны.

— «Да... если только онѣ этого захотятъ,—задумчиво отвѣчаетъ молодая женщина.

Ея предчувствія до извѣстной степени сбываются. Анни, какъ болѣе мягкая и добрая натура, вскорѣ начинаетъ относиться къ отцу, какъ будто ничего не произошло; но Лорансъ долгое время не хочетъ ѣхать съ отцомъ, говоритъ, что онъ утратилъ на нихъ всѣ права, такъ какъ самъ ихъ покинулъ, отзывается очень враждебно о Бланшъ. Самъ Тейсье, передъ первымъ своимъ объясненіемъ съ дочерьми, испытываетъ безотчетное волненіе и тревогу, не знаетъ, съ чего ему начать, придумываетъ готовыя фразы, страшится приговора этихъ двухъ юныхъ существъ...

Наконецъ, Анни и Лорансъ соглашаются переселиться въ домъ отца, но младшая сестра вплоть до самаго конца романа не можетъ отрѣшиться отъ непріязни къ Бланшъ, несмотря на ласковое и сердечное обращеніе послѣдней, и недовѣрчиваго, сдержаннаго отношенія къ отцу, въ которомъ она разочаровалась навсегда. Бѣдной Анни, давно примирившейся съ тѣмъ, что произошло много лѣтъ назадъ, какъ нарочно приходится ощущать на себѣ тяжелыя послѣдствія неосторожнаго шага, сдѣланнаго когда-то ея отцомъ: ея женихъ Сенъ-Брэнъ принужденъ отказаться отъ мысли сдѣлать ее своею женою, такъ какъ его отецъ, исходя изъ «строгихъ моральныхъ принциповъ», считаетъ невозможнымъ его бракъ съ дочерью человѣка, который, отступивъ отъ своихъ обычныхъ взглядовъ, рѣшился на разводъ и покинулъ свою законную жену для другой женщины!..

Въ романѣ «Новая скорбь» Жюля Буа, гдѣ затрогивается вопросъ о женской эмансипаціи, главный герой, беллетристъ Реваль, разставшись со своею женою и уѣхавъ изъ Парижа вмѣстѣ съ любимою женщиной, вначалѣ чувствуетъ себя вполнѣ счастливымъ, свободнымъ и независимымъ, но временами все же испытываетъ, даже въ эту пору увлеченія и смѣлыхъ надеждъ, муки совѣсти при воспоминаніи о томъ, что его маленькія дѣти, Люкъ и Люсиль, остались безъ отца и, рано или поздно, будутъ, конечно, осуждать его за то, что онъ сдѣлалъ. Встрѣчая гдѣ-нибудь чужихъ дѣтей, слыша ихъ безпечную болтовню и смѣхъ, Реваль невольно задумывается; ему начинаетъ казаться, что эти дѣтскія головки служатъ для него нѣмымъ, безмолвнымъ укоромъ... Мысль о двухъ маленькихъ существахъ, необдуманно покинутыхъ имъ, отравляетъ ему счастье, лишаетъ его душевнаго мира. Вдругъ онъ получаетъ отъ своей жены телеграмму, извѣщающую его о внезапной и, повидимому, опасной болѣзни Люка. Онъ спѣшитъ къ своему ребенку, разставаясь съ любимой подругой, рѣшаясь снова встрѣтиться съ покинутою имъ женою. На вокзалѣ его встрѣчаютъ жена и Люсиль; по выраженію ихъ лицъ онъ видитъ, что опасность уже миновала. Но встрѣча съ сыномъ производитъ на него все же тяжелое впечатлѣніе. Люкъ сдѣлался нервнымъ, хрупкимъ, легко возбуждающимся ребенкомъ. Нервность, неуравновѣшенность и болѣзненно напряженная фантазія Реваля передались и его мальчику, притомъ въ очень грустной, не подходящей къ его возрасту формѣ.

— «Люкъ, — говоритъ жена Реваля, — ужъ слишкомъ является сыномъ человѣка съ артистическою натурою... у него крайне развита чувствительность. Онъ произноситъ иногда, точно по вдохновенію, цѣлыя фразы изъ твоихъ книгъ». Реваль идетъ въ дѣтскую, гдѣ лежитъ все еще не вполнѣ оправившійся отъ болѣзни мальчикъ. «Папа, папа», только и можетъ воскликнуть тотъ. Онъ обнимаетъ отца «слабыми, слегка дрожащими руками, съ тѣмъ страстнымъ напряженіемъ, которое бываетъ у иныхъ дѣтей, когда они угадываютъ интимныя драмы, еще непонятныя для нихъ». Реваль чувствуетъ, что его внезапный отъѣздъ оставилъ глубокій слѣдъ въ душѣ мальчика, который, вѣроятно, не разъ задумывался надъ этимъ фактомъ, старался объяснить его себѣ... Модный, считающій себя очень даровитымъ и неотразимымъ, беллетристъ, сравнительно легко перенесшій встрѣчу съ женою, съ которою у него теперь все порвано, совершенно подавленъ и потрясенъ до глубины души печальнымъ состояніемъ и смутною, инстинктивною тревогою своего маленькаго сына...

«Ахъ, этотъ разводъ!» восклицаетъ въ пьесѣ Бріэ «Колыбель» докторъ-резонеръ Моссіакъ, являющійся выразителемъ мыслей и пожеланій самого автора. «Вы не сторонникъ развода?» спрашиваетъ его мать главной героини. «Нѣтъ, я его признаю, но требую извѣстныхъ ограниченій... Я хотѣлъ бы, чтобы его сдѣлали болѣе труднымъ, даже почти невозможнымъ въ тѣхъ случаяхъ, когда есть дѣти... Я хотѣлъ бы, чтобы разводъ допускался только при бездѣтныхъ бракахъ».—«Почему же?»—«Да потому, что права ребенка, права болѣе слабаго, должны быть ограждены. Между двумя супругами ребенокъ образуетъ связующее звено, которое законъ не долженъ былъ бы разрушать, да въ дѣйствительности и не разрушаетъ! Я держусь того мнѣнія, что еще можно расторгнуть бракъ, но не слѣдовало бы имѣть возможность разъединить семью, сдѣлать такъ, чтобы отецъ пошелъ въ одну сторону, мать — въ другую, а ребенокъ былъ оставленъ среди этихъ развалинъ». Бріэ, какъ тенденціозный, идейный драматургъ, написалъ свою пьесу прежде всего съ цѣлью доказать на отдѣльномъ примѣрѣ справедливость этихъ словъ своего положительнаго героя. Ту же мысль проводитъ, въ болѣе сжатой формѣ, сидѣлка, которая ухаживаетъ за больнымъ ребенкомъ главной героини, Лорансъ. По ошибкѣ она какъ-то называетъ Лорансъ и ея перваго мужа, Шантреля, отца ребенка, «бариномъ и барыней». Ей объясняютъ, что это названіе неумѣстно, такъ какъ Шантрель теперь совершенно чужой, постороннiй человѣкъ для той, которая когда-то была его женою. «Совершенно чужой?!—переспрашиваетъ съ недоумѣніемъ сидѣлка.—Отецъ ея ребенка?! Да неужели люди могутъ быть совершенно чужими другъ для друга, когда они являются отцомъ и матерью одного и того же ребенка? Я этого не понимаю!»

Центральною фигурою въ пьесѣ Бріэ, которая переведена по-русски и ставилась на русской сценѣ, является Лорансъ, которая, разойдясь съ своимъ первымъ мужемъ, Шантрелемъ, и выйдя за нѣкоего Жирьё, испытываетъ нравственныя терзанія, видя, что послѣдній, хотя и терпитъ присутствіе ея мальчика отъ перваго брака въ своемъ домѣ, старается относиться къ нему вполнѣ объективно и справедливо, но въ глубинѣ души не любитъ его, ревнуетъ къ нему жену, охотно отдалъ бы его въ закрытое учебное заведеніе. На нашихъ глазахъ между ними происходитъ рѣшительное объясненіе, во время котораго горькая правда становится слишкомъ очевидною.

«Ты его не любишь,—говоритъ Лорансъ.—Ты, быть-можетъ, не отдаешь себѣ отчета въ этомъ, но я, съ проницательностью матери, вижу, что ты съ каждымъ днемъ чувствуешь къ нему все большее отвращеніе. Боже мой! я знаю, что я кажусь немного глупенькой, когда говорю или играю съ нимъ, и, такъ какъ ты слушаешь меня или смотришь на меня въ эти минуты вполнѣ хладнокровно, все это должно казаться тебѣ ребячествомъ. Если бы ты его любилъ, ты бы нашелъ это очень милымъ... Все, что онъ дѣлаетъ, ты истолковываешь въ невыгодномъ для него смыслѣ. Ты говоришь съ нимъ только для того, чтобы дѣлать ему замѣчанія. У тебя нѣтъ снисходительнаго отношенія къ самымъ мелкимъ его проступкамъ. Съ каждымъ днемъ ты все болѣе отдаляешься отъ него. Повторяю: можетъ-быть, ты самъ этого не сознаешь, но то, что я говорю,—чистая правда. Ты хотѣлъ бы, чтобы онъ былъ серьезенъ, какъ десятилѣтній мальчикъ. Стоитъ ему произвести хоть маленькій шумъ, ты уже хмуришь брови! Развѣ это не вѣрно? Въ прошлое воскресенье онъ хотѣлъ играть въ гостиной, ты велѣлъ ему замолчать, онъ это сдѣлалъ, но черезъ нѣсколько времени снова принялся за то же самое,—и ты вышелъ изъ комнаты! Въ другой разъ это было въ твоемъ кабинетѣ; мы возвращались съ прогулки; снимая шляпу передъ зеркаломъ, я видѣла всѣ твои движенія, хотя ты и не догадывался объ этомъ. Ты нашелъ у себя на столѣ какую-то игрушку, забытую мальчикомъ; твои губы получили злое выраженіе, и ты съ гнѣвомъ отбросилъ эту игрушку въ сторону. Я ушла въ свою комнату, чтобы не плакать передъ тобою. Ты помнишь: въ этотъ день ты увидалъ, что у меня красные глаза, и долго распрашивалъ меня, желая узнать причину этого?..» Послѣ слабыхъ попытокъ отрицать справедливость словъ жены Жирьё долженъ, наконецъ, согласиться съ тѣмъ, что онъ дѣйствительно не любитъ мальчика, главнымъ образомъ, потому, что тотъ напоминаетъ ему о первомъ бракѣ Лорансъ, о томъ человѣкѣ, котораго она страстно любила до встрѣчи съ нимъ. И въ эту минуту мы чувствуемъ, что супружеское счастье четы Жирьё виситъ на волоскѣ, что они могутъ легко разстаться навсегда...

Неожиданная болѣзнь ребенка, положеніе котораго докторъ считаетъ опаснымъ, заставляетъ сойтись у его колыбели Лорансъ и Шантреля, къ большому неудовольствію и гнѣву Жирьё, полнаго ревности и тревоги. Мальчикъ выздоравливаетъ, но его болѣзнь имѣетъ непредвидѣнныя, важныя послѣдствія. Лорансъ убѣждается въ томъ, что Шантрель отнюдь не чужой, постороннiй человѣкъ для нея, какъ она думала раньше, что связующимъ звеномъ между ними является ихъ ребенокъ, тогда какъ Жирьё дѣлается все менѣе близкимъ и симпатичнымъ ей, потому что онъ враждебно относится къ мальчику, настаиваетъ даже на томъ, чтобы отнынѣ они жили безъ ребенка,—не обращая вниманія на протестъ Лорансъ. Шантрель начинаетъ уже надѣяться, что женщина, которую онъ не переставалъ горячо любить, вернется къ нему вмѣстѣ съ ребенкомъ. Лорансъ однако не дѣлаетъ этого—прежде всего потому, что она уже не считаетъ себя въ правѣ заботиться о своемъ личномъ счастьѣ, да и природная гордость мѣшаетъ ей сдѣлать подобный шагъ. Она покидаетъ домъ Жирьё, но не возвращается и къ Шантрелю, рѣшивъ жить отнынѣ исключительно для своего ребенка.

Говоря о пьесѣ Бріэ, яркаго представителя тенденціознаго жанра во французской драматической литературѣ нашихъ дней, нельзя не упомянуть и о другомъ современномъ драматургѣ, у котораго есть общія черты съ Бріэ и который удѣляетъ еще больше вниманія семейному вопросу,—именно, о Полѣ Эрвьё. Въ его пьесѣ «Права мужа», гдѣ на первомъ планѣ стоитъ обрисовка безправія женщины, затрогивается вмѣстѣ съ тѣмъ участь дѣтей, которыя выносятъ на своихъ плечахъ тяжелыя послѣдствія розни между родителями, вызванной легкомысленнымъ отношеніемъ одной изъ сторонъ къ своему долгу. Мужъ главной героини, Лауры Рагэ, измѣняетъ ей. Когда она узнаетъ объ этомъ, она сначала хочетъ добиваться развода, но затѣмъ, убѣдившись въ томъ, что по закону ея права сводятся въ данномъ случаѣ почти къ нулю, рѣшаетъ просто разойтись съ мужемъ, съ тѣмъ чтобы ихъ дочь, Изабелла, проводила часть года у своего отца, другую—у матери.

Эта комбинація, которая была, повидимому, единственнымъ исходомъ изъ нестерпимаго положенія вещей, созданнаго измѣною г-на Рагэ,—Бріэ взглянулъ бы однако иначе на подобную ситуацію, имѣя въ виду интересы ребенка,—оказываетъ самое грустное вліяніе на душевный міръ и все міросозерцаніе Изабеллы. Переѣзжая отъ отца къ матери и обратно, дѣвочка подпадаетъ то одному, то другому вліянію, слышитъ совершенно разнородныя рѣчи, принуждена въ такіе ранніе годы лавировать между двумя противоположными лагерями. Она силится одинаково любить отца и мать, но это не всегда ей удается. Когда она выростаетъ, и уже можетъ итти рѣчь объ ея замужествѣ, борьба между двумя силами, руководящими ея жизнью и воспитаніемъ, еще болѣе обостряется. Тотъ молодой человѣкъ, за котораго она хочетъ выйти замужъ, встрѣчаетъ враждебное отношеніе со стороны Лауры, потому что онъ принадлежитъ къ тому кругу, гдѣ вращается ея мужъ, пользуется его покровительствомъ,—вдобавокъ является сыномъ той самой женщины, ради которой Рагэ когда-то измѣнилъ ей. Во время бурнаго объясненія дѣвушка узнаетъ вдругъ истинную причину разрыва между родителями, узнаетъ, что заставило Лауру покинуть мужа,—и ея молодая, беззаботная и жизнерадостная душа словно окутывается облакомъ печали и тревоги.

Другая пьеса Эрвьё «Тиски» представляетъ еще большій интересъ для насъ. Главная героиня, Ирэнъ Ферганъ, не встрѣтивъ настоящей любви и привязанности со стороны мужа, сходится съ молодымъ ученымъ, Мишелемъ Давернье, искренно ее любящимъ и желающимъ сдѣлать ее счастливою. Авторъ, видимо, сочувствуетъ своей героинѣ, считая вполнѣ законнымъ ея стремленіе къ счастью и свѣту. Но отъ связи съ Давернье у Ирэнъ родится ребенокъ, котораго Ферганъ считаетъ своимъ сыномъ, пока случайное стеченіе обстоятельствъ не раскрываетъ ему всей правды. Дѣло въ томъ, что у Давернье была чахотка, отъ которой онъ впослѣдствіи умеръ. Ирэнъ начинаетъ съ ужасомъ замѣчать, что изъ маленькаго Ренэ тоже выходитъ слабогрудый, болѣзненный и хрупкій мальчикъ, за здоровьемъ котораго нужно постоянно слѣдить. Между тѣмъ Ферганъ, ничего не подозрѣвая, хочетъ, во что бы то ни стало, отдать Ренэ въ закрытое учебное заведеніе, чтобы вымуштровать и закалить его... Онъ не вѣритъ въ его болѣзнь, потому что по закону наслѣдственности, какъ онъ предполагасть, ребенокъ долженъ быть непремѣнно здоровымъ и крѣпкимъ!..

Перепробовавъ всѣ остальные доводы, чтобы защитить своего мальчика, избавить его отъ поступленія въ интернатъ, который можетъ въ конецъ погубить его молодую жизнь, Ирэнъ въ тотъ самый вечеръ, когда Ферганъ хочетъ везти его въ училище, должна, наконецъ, рѣшиться на послѣднее средство и, не щадя себя, бросить въ лицо мужу эти страшныя слова: «Вы не отецъ ему!» Этимъ признаніемъ она, правда, спасаетъ мальчика отъ преждевременной гибели, но, съ другой стороны, дѣлаетъ его ненавистнымъ для Фергана, который готовъ прогнать изъ своего дома мать и сына, при чемъ его удерживаетъ только боязнь скандала, страхъ передъ общественнымъ мнѣніемъ. Очень трогательное впечатлѣніе производитъ та сцена, когда, въ самый разгаръ бурнаго объясненія между супругами, въ комнату вбѣгаетъ маленькій Ренэ, который, конечно, не понимаетъ, что случилось.

«Ирэнъ. Ренэ! Боже мой!

Ренэ *(Фергану)*. Мы скоро поѣдемъ, папа?

Ферганъ. Молчи!

Ирэнъ *(завладѣвая сыномъ)*. Замолчи же, замолчи!..

Ферганъ. Отправьте его, чтобы мы могли докончить свой разговоръ!

Ирэнъ. Пойди къ тетѣ Полинѣ и подожди меня тамъ.

Ренэ. Почему папа заплакалъ, — вѣдь онъ никогда не плачетъ?

Ирэнъ. Иди же, иди!

Ренэ. А какъ же это ты не плачешь, — вѣдь ты всегда плачешь, когда думаешь, что тебя не видятъ? Я-то вижу это!

Ирэнъ *(цѣлуя его)*. Ахъ, мой милый мальчикъ. Должно быть, у меня нѣтъ больше слезъ... Иди, иди!»

Особенность этой пьесы Эрвьё состоитъ въ томъ, что въ ней вполнѣ законное стремленіе Ирэнъ къ личному счастью и неподдѣльной любви гибельно отзывается впослѣдствіи на здоровьѣ и всей судьбѣ ни въ чемъ неповиннаго Ренэ. Сынъ чахоточнаго, онъ долженъ платить тяжелую дань наслѣдственности по винѣ своей матери, которая, конечно, совершенно не думала въ ту пору о будущемъ...

Пьеса «Потокъ» Мориса Доннэ заключаетъ въ себѣ еще одну варіацію на ту же тему. Здѣсь жаждущая любви женщина, Валентина Ламберъ, имѣетъ двухъ дѣтей отъ своего мужа, который оттолкнулъ ее отъ себя своимъ холоднымъ, разсудочнымъ и дѣловымъ отношеніемъ къ браку, чуждымъ истинной любви. Отдавшись нѣкоему Версану, который здѣсь играетъ роль Мишеля Даверньс, она черезъ нѣсколько времени убѣждается въ томъ, что вскорѣ станетъ матерью... Любимый сю человѣкъ уговариваетъ ее бросить мужа, уѣхать съ нимъ вмѣстѣ куда-нибудь далеко и впослѣдствіи всецѣло отдаться заботамъ о своемъ ребенкѣ. Но Валентина не можетъ забыть и о другихъ своихъ дѣтяхъ, которыя останутся тогда безъ матери. Она рѣшается пожертвовать собою для ихъ счастья, порвать съ Версаномъ, забывая свою гордость, признаться мужу во всемъ и умолять его—не разлучать ее съ дѣтьми, позволить ей остаться у него въ домѣ хотя бы на положеніи посторонняго лица. Ламберъ прогоняетъ ее изъ дому, возмущенный ея признаніемъ, что она принадлежала другому. Валентина принуждена повиноваться; но, покинувъ домъ мужа, она тотчасъ же бросается въ воду и погибаетъ, такъ какъ не видитъ впереди просвѣта... Передъ тѣмъ какъ оставить навсегда свой домъ, она прощается съ дѣтьми, которыя поражены ея внезапнымъ отъѣздомъ.

— «Прощайте, мои милыя, прощайте!

— «Какъ ты насъ крѣпко цѣлуешь, мама! Значитъ, ты уѣзжаешь далеко?

— «Да, мои дорогія, я уѣзжаю далеко... очень далеко!

— «Такъ увези насъ съ собою!

— «Я не могу.

— «Когда же ты вернешься?

— «Не знаю, не знаю!»

Ламберъ спѣшитъ прервать эту прощальную бесѣду, замѣчая женѣ, что «подобныя сцены разстраиваютъ дѣтей больше, чѣмъ нужно». По уходѣ Валентины онъ обращается къ маленькимъ Пьеру и Маріи съ слѣдующимъ наставленіемъ:

— «Я прошу васъ остаться здѣсь и, главное, не хныкать! Играйте, но не шумите!

— «Намъ не хочется играть,—заявляетъ дѣвочка.

— «Ну, такъ читайте, разсматривайте картинки, дѣлайте, что хотите, только ведите себя потише! Поняли?»

Дѣти начинаютъ бесѣдовать между собою вполголоса, желая подѣлиться другъ съ другомъ только-что испытанными ощущеніями.

— «Гдѣ же теперь мама?

— «Не знаю!

— «Когда же она вернется?

— «Тоже не знаю!

— «Не пойти ли намъ ее искать?

— «Мы же не знаемъ, гдѣ она находится?

— «Это правда!

— «Папа очень золъ! Вѣдь это онъ заставилъ маму плакать, онъ ее прогналъ! Я его ненавижу, я не позволю ему цѣловать меня!

— «Я тоже!

— «Ты это говоришь, а потомъ все-таки позволишь

Ты не такой упрямый, какъ я, потому что я—дѣвочка... Я вотъ не позволю себя цѣловать!

— «А у меня, когда я выросту, будетъ ружье, и я защищу маму!

— «А пока, знаешь, что мы сдѣлаемъ?

— «Нѣтъ!

— «Мы не станемъ учить уроковъ, не станемъ дѣлать задачъ, совсѣмъ не будемъ слушаться, сдѣлаемся невыносимыми!

— «Да, да, такъ мы и сдѣлаемъ!

— «Нельзя говорить: да, да, и потомъ ничего не дѣлать... Поклянись мнѣ!

— «Клянусь!»

Приведенныхъ примѣровъ, думается, достаточно. Они даютъ опредѣленное понятіе объ отношеніи различныхъ авторовъ къ участи дѣтей, страдающихъ вслѣдствіе семейныхъ распрей, временной разлуки родителей или наконецъ развода. Отдѣльные писатели могутъ разсматривать разводъ съ противоположныхъ точекъ зрѣнія,—считать его только неизбѣжнымъ зломъ или горячо отстаивать его, во имя равноправности и независимости женщины. Но всѣ они обыкновенно становятся единодушными, когда рѣчь заходитъ о судьбѣ дѣтей, которыя расплачиваются за разногласія и враждебныя столкновенія родителей и заслуживаютъ состраданія независимо отъ того, кто правъ и кто виноватъ въ каждомъ отдѣльномъ случаѣ, есть ли достаточные мотивы для развода или нѣтъ. И дѣйствительно, преждевременныя разочарованія и неподдѣльныя горести этихъ маленькихъ существъ,—«*сиротъ, не носящихъ траурнаго платья*», по выраженію Бріэ,—могутъ оставлять холодными только людей безъ сердца, вполнѣ равнодушныхъ къ чужимъ страданіямъ!..

V.

Однѣ изъ наиболѣе трогательныхъ, производящихъ сильное впечатлѣніе страницъ, посвященныхъ современными европейскими беллетристами дѣтскому міру, безспорно, тѣ, которыя отражаютъ участь дѣтей, выростающихъ среди тяжкой нищеты, униженія, вѣчныхъ тревогъ, горькихъ слезъ, пьянства или безза- стѣнчиваго разврата. Страдая подчасъ отъ тѣхъ же отрицательныхъ явленій, которыя кладутъ свой отпечатокъ и на психологію дѣтей изъ болѣе зажиточной среды, эти пасынки судьбы должны, сверхъ того, проходить уже въ самомъ раннемъ дѣтствѣ тяжелую и гнетущую школу жизни. Они очень рано узнаютъ всю изнанку окружающей дѣйствительности, утрачиваютъ всякую жизнерадостность, энергію, иллюзіи, преждевременно развиваются, разсуждаютъ точно взрослые, а иногда безповоротно развращаются и нравственно гибнутъ подъ давленіемъ деморализованной среды и хроническихъ голодовокъ...

Эти блѣдные, изможденные, жалкіе образы дѣтей-неудачниковъ, живущихъ безъ солнца, воздуха, хлѣба и ласки, привлекли, напримѣръ, вниманіе Эмиля Золя. Достаточно вспомнить хотя бы одиннадцатилѣтнюю Селину, дочь анархиста Сальва,—изъ романа «Парижъ». Когда аббатъ Пьеръ Фроманъ впервые встрѣчается съ нею, разыскивая въ грязномъ, переполненномъ бѣдняками домѣ стараго больного рабочаго Лавёва, онъ поражается ея худобой, грустнымъ и серьезнымъ выраженіемъ глазъ, жалкою одеждой, превратившеюся въ лохмотья. Ему бросаются въ глаза ея «длинная и нѣжная фигурка, серьезный и немного старообразный видъ, какой тяжелая нужда придаетъ иногда дѣтямъ».

Селина выростаетъ при самыхъ неблагопріятныхъ

условіяхъ, вѣчно голодная, окруженная больными или поломанными жизнью людьми, не имѣя подругъ, не зная, что такое игры, веселье. Ея грустная участь заставляетъ смягчаться и растрогиваться суровое сердце ея отца, который иногда неожиданно выказываетъ ей нѣжную ласку; уже занятый своими анархистскими планами, передъ тѣмъ какъ уйти изъ дому съ однимъ изъ своихъ единомышленниковъ, онъ, со слезами на глазахъ, заключаетъ Селину въ свои объятія и горячо, порывисто ее цѣлуетъ, точно прощаясь съ нею навсегда... Его подруга мадамъ Теодоръ, замѣнившая Селинѣ мать, говоритъ при первой же встрѣчѣ Пьеру: «Мысль о дѣвочкѣ болѣе всего остального выводитъ его изъ себя! Онъ ее обожаетъ, онъ готовъ убить всѣхъ на свѣтѣ, когда видитъ, что она ложится спать безъ ужина... Она такая милая и она такъ хорошо училась въ школѣ... Теперь у нея нѣтъ даже рубашки, чтобы пойти туда».

На прощанье Пьеръ незамѣтно опускаетъ дѣвочкѣ въ руку пятифранковую монету. «Бѣдный отецъ!—восклицаетъ Селина, видя эту громадную, какъ ей представляется, сумму,—онъ пошелъ искать денегъ... Не побѣжать ли за нимъ, не сказать ли ему, что у насъ есть на что жить?..»

Черезъ нѣсколько дней Пьеръ снова заходитъ по дѣлу въ тотъ домъ, гдѣ живутъ м-мъ Теодоръ, Селина, Лавёвъ. Ему случайно приходится остаться наединѣ съ Селиной и вести съ ней довольно продолжительный разговоръ. Дѣвочка пресерьезно старается исполнить все, что требуется отъ любезной и радушной хозяйки (м-мъ Теодоръ нѣтъ дома, а Сальва пропалъ безъ вѣсти), занимаетъ его, какъ умѣетъ, пододвигаетъ ему одинъ изъ стоящихъ тутъ же, въ холодной каморкѣ, жалкихъ стульевъ, заваленныхъ какими-то обломками дровъ или хвороста.

«Глядя на это бѣдное маленькое существо, съ голубыми, словно прозрачными глазками, съ крупными губками, которыя иногда все же улыбались, Пьеръ не могъ удержаться отъ того, чтобы не предложить ей еще нѣсколькихъ вопросовъ. «Такъ, значитъ, ты не ходишь въ школу, крошка?» Она слегка покраснѣла. «У меня нѣтъ башмаковъ, чтобы туда ходить». Онъ замѣтилъ, что на ногахъ у нея, дѣйствительно, были только старые дырявые носки, черезъ которые виднѣлись ея пальчики, покраснѣвшіе отъ холода. «Къ тому же,— продолжала она, — м-мъ Теодоръ говоритъ, что тѣмъ, кому нечего ѣсть, не стоитъ и ходить въ школу… Она хотѣла работать, но не смогла, такъ какъ ея глаза сейчасъ же начинали горѣть и слезиться… И вотъ теперь мы не знаемъ, что намъ дѣлать,—со вчерашняго дня у насъ ничего нѣтъ, и мы совсѣмъ пропадемъ, если мой дядя не дастъ намъ взаймы двадцати су». Она продолжала безсознательно улыбаться, несмотря на то, что двѣ слезинки сверкнули въ ея глазахъ… И эта маленькая дѣвочка, запершаяся въ пустой комнатѣ, не отворявшая никому дверей, точно оторванная отъ всѣхъ, кто счастливъ, производила такое раздирающее душу впечатлѣніе, что Пьеръ, потрясенный, почувствовалъ, какъ въ его душѣ оживалъ *неукротимый протестъ противъ нищеты, потребность въ соціальной справедливости*».

Пьеръ обѣщаетъ Селинѣ купить ей въ тотъ же день башмаки, довольный тѣмъ, что можетъ хоть что-нибудь сдѣлать для дѣвочки, хоть чѣмъ-нибудь порадовать ее… Селина соглашается тотчасъ же пойти вмѣстѣ съ нимъ и, уходя, тщательно запираетъ два раза на ключъ жалкую каморку, «какъ хорошая маленькая хозяйка, которой, однако, нечего было въ сущности охранять».

Когда Сальва, совершивъ давно задуманное имъ покушеніе, принужденъ скрываться и каждую минуту бояться за свою цѣлость, мысль о Селинѣ иногда начинаетъ съ особенною силой волновать и мучить его. «Ахъ, эта бѣдная дѣвочка,—говоритъ онъ Гильому Фроману,—я ее поцѣловалъ отъ всего сердца, прежде чѣмъ ушелъ изъ дому... Если бы не она и не эта женщина, которая чуть не умирала съ голоду, я, быть-можетъ, никогда не задумалъ бы ничего подобнаго». Послѣ ареста Сальва положеніе м-мъ Теодоръ и Селины становится еще болѣе тяжелымъ и безнадежнымъ; онѣ принуждены скитаться по городу, не имѣя постояннаго, опредѣленнаго пристанища, существуя иногда милостыней, вынося всевозможныя оскорбленія. Желая спасти отца, маленькая Селина пишетъ трогательное письмо президенту республики, въ надеждѣ на помилованіе. Это письмо не приводитъ, однако, ни къ чему,—участь Сальва рѣшена заранѣе!

И только послѣ того, какъ Селина остается сиротой, въ общественномъ мнѣніи, точно подъ вліяніемъ погони за модой, неожиданно замѣчается поворотъ въ пользу семьи Сальва... И Селина, и м-мъ Теодоръ временно становятся центромъ общаго вниманія,—съ разныхъ сторонъ имъ предлагаютъ помощь, поддержку, работу, дѣвочку хотятъ взять на воспитаніе... Но ея здоровье уже надорвано, любовь къ жизни и душевная бодрость поколеблены тяжелыми впечатлѣніями ранняго дѣтства... И потомъ—кто замѣнитъ ей отца?..

Въ самомъ началѣ своего романа «Трудъ» Золя знакомитъ насъ съ бѣдно одѣтымъ, жалкимъ и запуганнымъ мальчикомъ, лѣтъ шести на видъ, по имени Нанэ. Это братъ одной изъ главныхъ героинь романа, молодой и красивой Жозины, которая впослѣдствіи становится преданною и любящею подругой Люка Фромана. Нанэ съ раннихъ лѣтъ видитъ горе и невзгоды. Его сестра, сошедшаяся по любви съ рабочимъ Рагю, вскорѣ начинаетъ замѣчать, что онъ охладѣлъ къ ней, тяготится ея присутствіемъ, старается выжить ее изъ дому, явно показываетъ, что ему совсѣмъ не хочется содержать и ее самое, и ея маленькаго брата, къ которому онъ относится съ безпричиннымъ пренебреженіемъ, почти съ ненавистью. Мы застаемъ эти два несчастныхъ существа у входа на фабрику, гдѣ они съ волненіемъ дожидаются появленія Рагю, чтобы умолять его—дать имъ ключъ отъ квартиры, который онъ унесъ съ собой, такъ какъ иначе имъ придется ночевать на улицѣ.

«Послушай, хочешь, я съ нимъ переговорю? Можетъ-быть, это меньше его разсердитъ», предлагаетъ Нанэ сестрѣ. «Нѣтъ, милый,—грустнымъ голосомъ отвѣчаетъ она,—это не дѣло мальчиковъ!» Жозина тщетно старается далѣе усовѣстить и уломать Рагю, но встрѣчаетъ съ его стороны только брань, угрозы, даже побои въ присутствіи постороннихъ... Видя, какъ она рыдаетъ, мальчикъ чувствуетъ потребность вступиться за нее, какъ умѣетъ, присоединить свой слабый голосъ къ ея мольбамъ. «Ага, теперь и мальчишка начинаетъ разсуждать!—кричитъ Рагю.—Вся семья, значитъ, у меня на рукахъ! Погоди, негодяй, я тебѣ задамъ сейчасъ!» Жозина инстинктивнымъ движеніемъ заслоняетъ брата, чтобы предохранить его отъ грубой расправы... Рагю съ товарищами уходитъ, и братъ съ сестрой остаются снова одни, голодные, дрожащіе отъ холода, среди липкой грязи и надвигающагося мрака...

Черезъ нѣсколько времени по всему мѣстечку разносится вѣсть о томъ, что какой-то мальчикъ только-что укралъ большой хлѣбъ изъ булочной г-жи Митэнъ и спасся бѣгствомъ, унося съ собой добычу. Эта вѣсть поднимаетъ всѣхъ на ноги, тѣмъ болѣе, что подъ вліяніемъ продолжительной стачки и общей нищеты за послѣднее время подобные случаи участились. Безъ особаго труда мальчика настигаютъ и ловятъ съ поличнымъ, такъ какъ онъ бѣжалъ по улицѣ, даже не подумавъ спрятать или прикрыть чѣмъ-нибудь украденный хлѣбъ, стараясь только о томъ, чтобы какъ можно скорѣе найти сестру и подѣлиться съ нею той пищей, которую ему удалось достать... Нанэ, несмотря на то, что ему всего шесть лѣтъ, грозятъ очень непріятныя послѣдствія; его хотятъ «проучить», примѣрно наказать, чтобы отбить у другихъ подростковъ вкусъ къ такимъ рискованнымъ предпріятіямъ...

Къ счастью, въ душѣ хозяйки булочной пробуждаются мягкія и гуманныя чувства; ей становится жаль этого маленькаго оборванца, который совершилъ кражу, не вполнѣ сознавая, что онъ дѣлаетъ, выбившись изъ силъ подъ вліяніемъ голода и безконечныхъ скитаній... Несмотря на то, что были лица, видѣвшія, какъ онъ схватилъ хлѣбъ и убѣжалъ съ нимъ, она рѣшается солгать, чтобы спасти его, и заявляетъ жандарму, что сама отдала ему этотъ хлѣбъ. Нанэ тотчасъ выпускаютъ на свободу, и онъ бѣжитъ разыскивать Жозину, чтобы подѣлиться съ нею своей добычей. «Посмотри-ка, что я принесъ, — какъ это хорошо! Проснись! Нужно ѣсть, — ѣшь же скорѣе, у насъ теперь хлѣба довольно!» Люкъ, присутствующій при этой сценѣ, чувствуетъ, какъ слезы подступаютъ къ его глазамъ при видѣ этой дѣтской радости, купленной цѣною кражи и грозившаго ребенку позора... Ему невольно представляется яснѣе прежняго, сколько нужды и лишеній таится въ окружающей его средѣ, отравляя людямъ жизнь, омрачая и уродуя ихъ дѣтство...

Благодаря вмѣшательству Люка, Жозина съ братомъ получаютъ, наконецъ, возможность вернуться домой и переночевать у себя, вмѣсто того, чтобы скитаться до разсвѣта по окрестностямъ. Рагю, нѣсколько смягчившись и успокоившись, соглашается снова примириться, хоть на время, съ Жозиной, забывая о своихъ недавнихъ проклятіяхъ и ругательствахъ по ея адресу. Но мальчикъ настолько привыкъ уже къ грубому и рѣзкому обращенію Рагю, что онъ не можетъ сразу повѣрить въ искренность его словъ.

— «Что ты тутъ дѣлаешь?—спрашиваетъ его тотъ.

— «Я слушалъ, чтобы знать, что будетъ дальше.

— «А гдѣ же твоя сестра? Почему она не откликается, когда ее зовутъ?

— «Сестра была вмѣстѣ со мной, она сидѣла на ступенькѣ. Когда она услыхала, что ты входишь въ домъ, она испугалась, что ты поднимешься по лѣстницѣ и будешь ее бить, поэтому она предпочла спуститься, чтобы безъ всякаго труда убѣжать, если бы ты былъ золъ.

— «А ты не боишься меня? — продолжаетъ спрашивать Рагю, окончательно желая показать себя добродушнымъ и милостивымъ.

— «Если ты меня тронешь, я такъ громко закричу, что сестра услышитъ и убѣжитъ».

Среди такихъ тревогъ, униженій и невзгодъ проходитъ раннее дѣтство Нанэ! Золя особенно оттѣняетъ тотъ фактъ, что, несмотря на все, что пришлось видѣть и выносить мальчику, добрые задатки не умерли въ его душѣ. Поставленный въ другія условія, воспитанный гуманно и съ любовью, Нанэ постепенно развивается и идетъ впередъ; съ теченіемъ времени изъ него выходитъ честный, трудолюбивый и отзывчивый человѣкъ, тогда какъ вначалѣ онъ казался только угрюмымъ, необщительнымъ и озлобленнымъ...

Говоря о романахъ Золя, въ которыхъ изображается, болѣе или менѣе обстоятельно, положеніе дѣтей, живущихъ среди городскихъ притоновъ въ страшной бѣдности и нерѣдко принужденныхъ сталкиваться съ развращенною, деморализованною средой, способною затянуть ихъ и внушить имъ дурныя мысли и порочные инстинкты, нельзя не вспомнить кстати одного изъ болѣе раннихъ его романовъ—«Западня». Обрисовывая съ большимъ мастерствомъ тотъ сѣренькій, вульгарный и, въ общемъ, безнравственный міръ, гдѣ живутъ Жервэза, Купо, его мать, Лантье, Бошъ, Клемансъ, Виржини и др., авторъ довольно подробно разсказываетъ намъ между прочимъ о дѣтскихъ годахъ Нана, дочери Жервэзы, которая на нашихъ глазахъ развращается главнымъ образомъ вслѣдствіе того, что она въ самые ранніе годы насмотрѣлась въ томъ грязномъ, нездоровомъ и скученномъ кварталѣ, гдѣ они жили, да и у себя дома, такихъ вещей, которыя сдѣлали ей понятною всю изнанку жизни и возбудили въ ней порочное любопытство...

Когда ей исполняется шесть лѣтъ, ее отдаютъ въ школу, но она учится плохо, выводитъ изъ терпѣнія учительницу своими шалостями и проказами, дважды изгоняется изъ школы и всего охотнѣе проводитъ время на улицѣ, среди безчисленныхъ мальчиковъ и дѣвочекъ, грязныхъ, нечесанныхъ, бѣдно одѣтыхъ, частью уже испорченныхъ, которыми она повелѣваетъ, водя ихъ за собой и придумывая различныя продѣлки и рискованныя экспедиціи, всею толпой, по окрестностямъ. Съ годами поведеніе Нана становится все хуже; ее инстинктивно тянетъ къ подонкамъ общества, грубымъ развлеченіямъ, безцѣльной, праздной жизни. Ея родители умѣютъ только ее колотить,—вмѣсто всякихъ другихъ воспитательныхъ пріемовъ... Впрочемъ, они никогда не обрушиваются на нее одновременно: «когда отецъ начиналъ ее бить, мать поддерживала дѣвочку, а когда мать принималась, въ свою очередь, за битье, отецъ устраивалъ цѣлую сцену... Нана была въ восторгѣ, видя, что ея родители грызутся между собой, и дѣлала все, что ей хотѣлось». Смышленая и наблюдательная не по лѣтамъ, Нана вскорѣ прекрасно замѣчаетъ, что творится около нея, видитъ, что отецъ пьянствуетъ и возвращается въ отвратительномъ, почти невмѣняемомъ состояніи, а мать его не любитъ и тяготится его присутствіемъ.

Сильное впечатлѣніе производитъ на дѣвочку слѣдующая сцена, которую она случайно подсмотрѣла, проснувшись ночью отъ шума и разговоровъ въ сосѣдней комнатѣ и подкравшись на цыпочкахъ, совершенно не одѣтая, къ стеклянной двери. Она видитъ своего отца, лежащимъ почти безъ чувствъ на запачканной рвотой постели, между тѣмъ какъ Лантье поспѣшно уводитъ Жервэзу въ свою комнату, нашептывая ей слова любви и стараясь ей доказать, что она не можетъ провести ночь въ близкомъ сосѣдствѣ съ отвратительнымъ, утратившимъ человѣческій обликъ Купо. Дѣвочка все видѣла, все слышала и, несмотря на свой дѣтскій возрастъ, слишкомъ хорошо все поняла!.. Воспоминаніе объ этой гадкой сценѣ надолго осталось въ ея головкѣ, подрывая въ ней послѣднее уваженіе къ родителямъ и вызывая непреодолимый интересъ ко всему тому, чего она еще не испытала... Черезъ нѣсколько времени послѣ этого, въ отвѣтъ на рѣзкій окрикъ и придирки подвыпившаго отца, она уже отваживается бросить ему въ лицо, стиснувъ зубы и съ оттѣнкомъ глубокаго презрѣнія въ голосѣ: «свинья!»

Когда Нана отдаютъ въ мастерскую, гдѣ выдѣлываются искусственные цвѣты, ея пребываніе среди массы дѣвочекъ и молодыхъ дѣвушекъ, по большей части уже испорченныхъ, окончательно подготовляетъ ея паденіе. Мы предчувствуемъ, что вскорѣ настанетъ тотъ день, когда она покинетъ домашній очагъ, сдѣлавшійся ей ненавистнымъ, особенно съ тѣхъ поръ, какъ Жервэза стала разоряться, все болѣе опускаясь, вмѣстѣ съ тѣмъ, въ нравственномъ отношеніи, предаваясь сама пьянству,—и потонетъ среди парижской толпы, охваченная жаждою денегъ и наслажденій... И дѣйствительно, вернувшись однажды домой, въ холодную, темную, неприбранную комнату и заставъ отца и мать пьяными, Нана тотчасъ же уходитъ обратно, сказавъ, что вернется черезъ нѣсколько минутъ, но въ дѣйствительности желая порвать съ прошлымъ, сжечь свои корабли и зажить, какъ ей давно хотѣлось. Модная и блестящая куртизанка, которую мы встрѣчаемъ въ романѣ «Нана», является такимъ образомъ продуктомъ развращенной среды, жизни впроголодь и отсутствія какого-либо воспитанія.

Въ интересномъ романѣ братьевъ Рони «Погибшія души», гдѣ мѣстами чувствуется вліяніе «Парижа» Золя, несчастной Селинѣ, дочери Сальва, соотвѣтствуетъ худой, жалкій и болѣзненный мальчикъ Анри, сынъ анархиста Робера Бейсьера, который, всецѣло отдаваясь своимъ планамъ и утопіямъ, способенъ иногда уронить слезу жалости и участія, видя, сколько мученій и невзгодъ выносятъ, несмотря на всѣ его старанія, его мальчикъ и вѣрная, безотвѣтная подруга, раздѣляющая съ нимъ нужду и лишенія...

«Любишь ли ты своего бѣднаго отца, Анри?» неожиданно спрашиваетъ онъ въ одномъ случаѣ сына, который смотритъ на него съ любовью и, вмѣстѣ съ тѣмъ, съ безотчетною робостью и смущеніемъ. «Да!» отвѣчаетъ тотъ вполголоса. «Ахъ, дорогой мой! какъ бы я хотѣлъ сдѣлать тебя счастливымъ, дать тебѣ воздуха, свѣта, свѣжести, всего того, что человѣчество должно было бы удѣлять, по крайней мѣрѣ, дѣтямъ!.. Въ твои годы такъ мало нужно для того, чтобы радость была безконечна, а воспоминанія—чудны! Не моя вина, бѣдный Анри, если я такъ мало сдѣлалъ, чтобы порадовать тебя!» Ребенокъ, «хрупкій и застѣнчивый», «нѣжный, но боязливый», потрясенъ до глубины души этими словами и тою непривычною горячностью, съ которою отецъ обнимаетъ его.

Но вотъ настаетъ моментъ, когда Бейсьеръ долженъ покинуть навсегда свое жалкое, неуютное жилище, чтобы приняться за осуществленіе своего плана—бросить бомбу въ Палатѣ Депутатовъ. Онъ нѣжно обнимаетъ и цѣлуетъ Анри, который какъ будто догадывается, что отцу грозитъ какая-то опасность, и начинаетъ плакать. Видя слезы мальчика и убитой горемъ подруги, которая сознаетъ, что никогда больше не увидитъ его, «Бейсьеръ почувствовалъ себя еще болѣе виноватымъ; онъ представилъ ихъ себѣ покинутыми, въ самомъ жалкомъ состояніи, среди мрака невзгодъ». Онъ вспоминаетъ о нихъ и впослѣдствіи, въ самыя тревожныя и критическія минуты, думаетъ о нихъ и въ тюрьмѣ. «Ахъ, если бы онъ могъ ихъ увидѣть еще разъ, эти бѣдныя, ни въ чемъ неповинныя существа!» И ему невольно приходитъ на память его собственное дѣтство, проведенное также среди нищеты, тревогъ и безнадежныхъ порывовъ къ счастью и свѣту...

Въ другомъ романѣ Рони,—быть-можетъ, лучшемъ ихъ произведеніи,—«Властная доброта» описывается между прочимъ семья рабочаго Ламарка, больного, поломаннаго жизнью человѣка, который угасаетъ на нашихъ глазахъ. «Чудная семья,—отличающаяся кротостью и умомъ», называютъ ее авторы. У Ламарка три сына, которые съ раннихъ лѣтъ узнаютъ, что такое бѣдность, вѣчныя лишенія, грустныя, безотрадныя житейскія картины. Но ихъ добрые задатки оказываются сильнѣе гибельнаго вліянія неблагопріятныхъ условій жизни и тѣхъ соблазновъ, которые имъ представляются. Это—не по лѣтамъ развитыя, чуткія дѣти! Послѣ смерти отца они принуждены видѣть, какъ родные ссорятся между собой, даже раньше, чѣмъ тѣло Ламарка предано землѣ, третируютъ ихъ, держатъ себя у нихъ въ домѣ безъ малѣйшаго стѣсненія. «И это—на глазахъ у дѣтей!» восклицаетъ съ негодованіемъ одинъ изъ героевъ романа. Сыновья Ламарка рѣшительно отказываются брать какую-либо подачку отъ родныхъ: «намъ ничего отъ васъ не нужно... мы скорѣе будемъ питаться травой». Совершенно такъ же они протестуютъ, когда ихъ совсѣмъ хотятъ отдать въ пріютъ, чтобы избавиться отъ нихъ. За эту «неблагодарность» ихъ единодушно провозглашаютъ «гордецами». Но они предпочитаютъ, несмотря на то, что они еще очень малы, трудиться въ потѣ лица, какъ трудился ихъ отецъ. Нельзя не указать и на то, что въ этомъ гуманномъ, симпатичномъ по общему колориту романѣ описывается между прочимъ то впечатлѣніе, которое производитъ на главнаго героя какой-то бѣдный, больной мальчикъ, котораго онъ видитъ, посѣщая одну изъ парижскихъ больницъ. Этотъ ребенокъ разсуждаетъ, какъ взрослый,—до такой степени знакомство съ изнанкою жизни положило на него свою печать! «Я—несчастный человѣкъ... я никогда не зналъ ни одной счастливой минуты... всѣ меня покинули... оставили въ рукахъ недостойной женщины...»

О судьбѣ дѣтей, выросшихъ въ бѣдныхъ семьяхъ, въ душныхъ, переполненныхъ жильцами домахъ городскихъ предмѣстій и вступающихъ въ жизнь безъ той жизнерадостности и энергіи, которая должна бы быть свойственна молодости, вспоминаетъ и учительница Елена Сурисэ—изъ идейной пьесы Доннэ и Декава «Поляна», о которой намъ еще придется говорить. Она сама провела свое дѣтство въ подобной обстановкѣ и хорошо знаетъ ее: «Я воспитывалась въ Парижѣ, въ жалкомъ кварталѣ, безъ свѣта и воздуха... До того, какъ я пріѣхала сюда, я не знала, что такое луга и лѣса; я изучала ботанику по книгамъ, но сама не видѣла никогда ни дерева, ни цвѣтка... Я никогда не выходила изъ дому; мои родители работали всю недѣлю, даже по воскресеньямъ... я узнала, что хлѣбъ добывается съ большимъ трудомъ, но мнѣ ни разу не пришлось видѣть засѣяннаго пшеницею поля!» Когда Елена попадаетъ въ деревенскую обстановку, она словно оживаетъ душой послѣ безрадостнаго дѣтства, оторваннаго отъ природы, проведеннаго въ тискахъ большого города, въ нездоровой атмосферѣ...

VI.

Такое же симпатичное заступничество за дѣтей пролетаріевъ, лишенныхъ настоящаго дѣтства, мы находимъ и у нѣкоторыхъ германскихъ и австрійскихъ писателей нашихъ дней. Какое грустное, безотрадное впечатлѣніе производятъ, напримѣръ, эти простыя слова, которыя произноситъ слабымъ голосомъ пятилѣтняя дѣвочка Резерль Мерцингеръ, въ пьесѣ изъ народнаго быта, написанной Ю. Гансъ-Лудасси.—«Послѣдняя пуговица»: «Мама, кто же будетъ тебѣ помогать пришивать пуговицы, когда я умру?..» Авторъ этой драмы изъ жизни пасынковъ судьбы, изнемогающихъ отъ тяжелой и, главное, вредной для здоровья работы, еще усиливаетъ мрачный колоритъ своего произведенія, оттѣнивъ печальную участь ни въ чемъ неповиннаго ребенка, который чахнетъ и угасаетъ, задыхаясь въ атмосферѣ нужды, горя, изнурительнаго труда.

Передъ нами—семья ремесленника, Франца Мерцингера, занимающагося выдѣлкою перламутровыхъ пуговицъ, при чемъ ему до извѣстной степени помогаетъ его подруга, Тини, пришивающая изготовленныя имъ пуговицы къ небольшимъ кускамъ картона. Эта работа, сопряженная, какъ подробно разсказывается въ пьесѣ, съ вдыханіемъ ядовитой пыли отъ перламутровыхъ раковинъ, нерѣдко вліяетъ весьма гибельно на здоровье взрослыхъ и дѣтей, принужденныхъ заниматься ею, вызываетъ особыя, такъ сказать, «профессіональныя» болѣзни, иногда приводящія къ трагической развязкѣ, преждевременно придаетъ отнюдь не старымъ годами труженикамъ видъ утомленныхъ жизнью стариковъ. Жертвою этой страшной, поглощающей человѣческія силы и здоровье работы становится между прочимъ пятилѣтняя дѣвочка Франца, Резерль, которая въ такомъ нѣжномъ возрастѣ уже должна была помогать своимъ родителямъ, какъ умѣла, и вскорѣ стала хирѣть и вянуть не по днямъ, а по часамъ, обнаруживая признаки неизлѣчимаго недуга.

Въ первой же сценѣ мы застаемъ ее въ жалкомъ, почти безнадежномъ положеніи, которое не могло ускользнуть отъ вниманія ея родителей, по-своему искренно ее любящихъ и страдающихъ при видѣ ея ранняго, печальнаго угасанія. За неимѣніемъ хорошаго врача и отсутствіемъ средствъ, нужныхъ, чтобы его пригласить, Францъ обращается къ помощи своего пріятеля, учителя-неудачника Панагля, опустившагося подъ вліяніемъ страсти къ вину, но когда-то мечтавшаго стать докторомъ, изучавшаго медицину, при чемъ нѣкоторыя познанія, усвоенныя въ ту пору, уцѣлѣли на всю жизнь въ его памяти. Этотъ незатѣйливый медикъ, къ которому даже Тини относится съ нѣкоторымъ недовѣріемъ, выслушиваетъ и выстукиваетъ въ началѣ пьесы несчастную, изможденную дѣвочку и даже при своихъ ограниченныхъ медицинскихъ знаніяхъ тотчасъ же видитъ, какъ она плоха, чувствуетъ, что ей осталось очень недолго жить.

«Видишь ли, Мерцингеръ,—говоритъ онъ,—это тяжелый случай... Постоянная сонливость дѣвочки мнѣ тоже не нравится... Ты хорошо знаешь, что я — не настоящій докторъ; но, если бы я былъ настоящимъ докторомъ, я не хотѣлъ бы въ этомъ случаѣ нести всю отвѣтственность на своихъ плечахъ. Посмотри, какъ ея ручка качается—точно маятникъ! Это значитъ, что у дѣвочки—туберкулезный менингитъ».—«Вѣдь это нашъ послѣдній ребенокъ, Панагль,—восклицаетъ съ отчаяніемъ Францъ,—меньшое дитя, мальчикъ, уже умерло».— «Я тебѣ давно говорила, — со слезами вставляетъ свое слово Тини,—что дѣвочкѣ не по силамъ наша работа. Ей приходилось вѣчно сидѣть скорчившись и пришивать пуговицы, вмѣсто того, чтобы бѣгать по улицамъ, какъ другія дѣти... Панагль, возьмите мою жизнь, все, все,—только бы она осталась жива».

Дѣвочкѣ становится постепенно все хуже. Она уже почти не пробуждается отъ своей продолжительной спячки и апатіи, съ трудомъ можетъ проглотить немного молока, иногда не произноситъ подолгу ни слова или же заставляетъ болѣзненно сжиматься сердца своихъ родителей, неожиданно упоминая о своей близкой смерти. Желая, во что бы то ни стало, спасти жизнь Резерль, Тини, еще молодая, красивая женщина, рѣшается пожертвовать собою и, слыша откровенныя, настойчивыя признанія антипатичнаго ей сорокалѣтняго донъ-Жуана Кальтенбека, котораго она прежде съ негодованіемъ прогнала бы прочь, дѣлаетъ надъ собою усиліе, такъ какъ онъ манитъ ее перспективою большихъ денегъ, способныхъ облегчить положеніе дѣвочки, дать возможность пригласить къ ней доктора, купить лѣкарства и здоровую пищу—и отдается ему...

Но уже поздно: Резерль обречена на смерть. Сильное впечатлѣніе производятъ послѣднія сцены драмы, изъ которыхъ мы узнаемъ, что тамъ, за стѣною, дѣвочка задыхается въ предсмертной агоніи. «Тини,—говоритъ Францъ, обращаясь къ своей подругѣ, когда все уже кончено,—теперь послѣдняя, самая послѣдняя связь между нами порвана... Теперь у насъ не осталось ничего общаго». Кальтенбекъ, присутствующій при этой сценѣ, думаетъ утѣшить горько плачущую Тини шаблонными фразами, въ родѣ того, что «слезами горю не поможешь», такъ какъ, все равно, нельзя воскресить бѣдную дѣвочку, что она можетъ еще имѣть дѣтей и т. п. Но убитая горемъ женщина, которая только-что пожертвовала своею честью для спасенія Резерль, какъ теперь оказывается,—совершенно безплодно, не хочетъ больше слышать рѣчей соблазнителя. «Пойди прочь,—восклицаетъ она,—пойди прочь, говорю я тебѣ! Ребенокъ умеръ, я тебя больше не знаю! Моя бѣдная Резерль! все было напрасно... все было напрасно!..»

Тини для спасенія дочери, какъ мы видѣли, согласилась итти на позоръ и двусмысленное положеніе; главный герой драмы Филиппа Лангманна «Бартель Туразель», въ аналогичномъ случаѣ соглашается дать ложное показаніе, чтобы улучшить этимъ путемъ матеріальное положеніе своей семьи и спасти любимаго сына отъ голодной смерти. Лангманнъ изображаетъ въ началѣ своей пьесы участь рабочихъ, терпящихъ нужду и лишенія подъ вліяніемъ общей забастовки, вызванной возмутительнымъ образомъ дѣйствія одного изъ главныхъ мастеровыхъ въ красильномъ отдѣленіи фабрики, Клеппля, котораго они тщетно надѣялись увидѣть вышедшимъ въ отставку, по волѣ хозяевъ, послѣ всѣхъ его некрасивыхъ поступковъ. Продолжительная безработица естественно влечетъ за собой общій упадокъ и обнищаніе многочисленныхъ семей, жившихъ исключительно фабричнымъ трудомъ. Всего больше страдаютъ, конечно, люди женатые, принужденные не только выносить на себѣ тягость безработицы, но также видѣть ежедневныя страданія женъ и особенно—маленькихъ дѣтей.

Бартель Туразель не можетъ спокойно относиться къ болѣзненному состоянію своего любимаго мальчика, по имени тоже Бартеля, который чахнетъ отъ недостатка хорошей пищи, ухода, лишенъ самыхъ невинныхъ и незамысловатыхъ развлеченій или игрушекъ, слишкомъ рано узнаетъ неприглядныя стороны жизни. Маленькій Бартель тщетно мечтаетъ о какихъ-то колбаскахъ, сладкихъ пирожкахъ, проситъ отца купить ему небольшую бѣлку въ колесѣ, имѣть которую ему кажется необыкновеннымъ счастіемъ... Онъ никакъ не можетъ понять, почему отецъ, который такъ его любитъ, не хочетъ ему доставить самаго незначительнаго удовольствія. То, что происходитъ вокругъ него, остается ему до поры, до времени неяснымъ... Онъ не знаетъ и цѣны деньгамъ, и наивно спрашиваетъ въ одномъ случаѣ отца: много ли это денегъ—двѣсти гульденовъ?..

Наступаетъ моментъ, когда болѣзненное состояніе, задумчивость и грусть мальчика начинаютъ настолько тяготить и мучить Туразеля, что онъ готовъ сдѣлать все на свѣтѣ, только бы накормить и развеселить маленькаго страдальца. И вотъ, послѣ долгой внутренней борьбы, вспышекъ негодованія, отчаянныхъ попытокъ остаться вѣрнымъ своимъ обычнымъ принципамъ, онъ соглашается сдѣлать такой шагъ, который идетъ совершенно вразрѣзъ съ его правилами и честно прожитою жизнью! Онъ даетъ ложное показаніе, вполнѣ обѣляющее ненавистнаго всѣмъ его товарищамъ Клеппля и выставляющее лжецами и клеветниками тѣхъ, кто на него жаловался. За этотъ обманъ, умышленное искаженіе или замалчиваніе правды Туразель получаетъ, конечно, соотвѣтствующее вознагражденіе, ради котораго онъ пошелъ на эту сдѣлку съ совѣстью... О себѣ, о своихъ выгодахъ и удобствахъ онъ, впрочемъ, не думаетъ... только бы сдѣлать что-нибудь для ребенка, котораго онъ такъ долго принужденъ былъ утѣшать обѣщаніями и фантастическими разсказами!.. Получивъ эти деньги, которыя въ глубинѣ души онъ продолжаетъ считать позорными, унижающими его достоинство, кладущими пятно на его доброе имя, онъ, словно въ какомъ-то чаду, рѣшаетъ прежде всего купить поскорѣе маленькому Бартелю и его любимыя колбаски, и пирожки, и новую шапочку, и бѣлку въ колесѣ!..

Вскорѣ вѣсть о томъ, что сдѣлалъ Туразель, распространяется по всему мѣстечку, и рабочіе единодушно осуждаютъ, позорятъ и проклинаютъ весьма популярнаго еще очень недавно товарища, провозглашаютъ его измѣнникомъ, предателемъ, ловкимъ карьеристомъ, не зная, что̀ было причиною его отступленія отъ своихъ обычныхъ взглядовъ и правилъ. Но не это всего болѣе удручаетъ и томитъ честнаго по натурѣ человѣка: ему начинаетъ казаться, что маленькій Бартель, не по лѣтамъ развитой ребенокъ, смутно догадывается, что возлѣ него произошло нѣчто некрасивое, основанное на лжи, противорѣчащее всему, что онъ слышалъ отъ своихъ родителей съ самаго ранняго дѣтства, и, впервые испытавъ горькое разочарованіе въ своемъ отцѣ, иногда смотритъ на него глазами, полными укоризны. Поступокъ Туразеля, подобно самоотверженію Тини въ «Послѣдней пуговицѣ», въ довершеніе всего, ни въ чемъ не мѣняетъ положенія вещей, не можетъ продлить ребенку жизнь. Организмъ привыкшаго къ хроническимъ голодовкамъ Бартеля настолько ослабленъ, что оказывается неспособнымъ къ принятію и перевариванію обильной и разнообразной пищи, и мальчикъ, безъ того больной, изможденный, охваченный къ тому же какою-то безотчетною тоскою, скоропостижно умираетъ, къ великому горю своего отца...

Въ послѣднемъ актѣ мы застаемъ Туразеля осиротѣвшимъ, почти всѣми брошеннымъ. Но все остальное, въ родѣ, напримѣръ, отношенія товарищей, онъ еще можетъ перенести: утрата сына не выходитъ у него изъ головы, и только о ней одной онъ способенъ говорить съ немногими близкими людьми.

«Было бы слишкомъ глупо, если бы что-нибудь происходило совершенно безъ причины,—говоритъ онъ между прочимъ, объятый глубокою скорбью:—все должно имѣть свою причину. Такъ вотъ я теперь и спрашиваю: почему же умеръ мой Бартель, а не другой кто-нибудь; почему не умерли тысячи другихъ мальчиковъ, а именно мой?.. Вѣдь на свѣтѣ такъ много дѣтей,—почему же именно мое дитя было избрано изъ всѣхъ? Многіе говорятъ: оттого, что мальчикъ былъ слишкомъ уменъ... Но нѣтъ, слишкомъ уменъ онъ не былъ! Это былъ только добрый, живой ребенокъ... Онъ хорошо учился въ школѣ, лучше, чѣмъ всѣ остальные въ его классѣ, но вѣдь въ этомъ еще нѣтъ ничего особеннаго. Развѣ трудно отличиться среди этихъ бѣдныхъ мальчиковъ, которые у себя дома не знаютъ покоя и мало ѣдятъ?.. У него было только мягкое сердечко... Это былъ такой добрый ребенокъ... Вотъ почему мое сердце такъ болитъ по немъ». Искреннею скорбью дышатъ эти рѣчи неожиданно осиротѣвшаго труженика, но одновременно съ этимъ его начинаютъ мучить какъ бы угрызенія совѣсти, безплодныя сѣтованія о томъ, чего нельзя уже поправить.

«Теперь онъ не можетъ больше говорить, но если бы онъ даже могъ, сдѣлалъ ли бы онъ это?.. Съ такими дѣтьми никогда нельзя вполнѣ знать, кто живетъ тутъ же, возлѣ насъ... Ребенокъ слушаетъ, наблюдаетъ, думаетъ о чемъ-то или совсѣмъ ни о чемъ не думаетъ... и все скрываетъ въ глубинѣ своей души. Да, все скрываетъ! Онъ такъ на меня смотрѣлъ всегда... такъ смотрѣлъ... Іисусъ—Марія!.. всѣ отшатнулись отъ меня, точно отъ какого-нибудь отверженнаго... и онъ тоже смотрѣлъ на меня такъ... какъ будто онъ во мнѣ ошибся!.. Между тѣмъ вѣдь я сдѣлалъ все это только ради него, чтобы продлить его молодую жизнь, дать ему все, что нужно для его укрѣпленія, устроить такъ, чтобы моему дорогому мальчику не приходилось болѣе мучиться и тосковать. А онъ разочаровался изъ-за этого въ своемъ отцѣ, въ своемъ любимомъ отцѣ! Доброе, славное дитя! Развѣ можно заглянуть въ душу такого ребенка, который все скрываетъ и отъ другихъ, и отъ себя самого?.. Онъ ничего никому не высказываетъ и гибнетъ отъ своей печали, потому что его сердце не можетъ вынести слишкомъ сильнаго горя».

Среди нужды, голода и побоевъ выростаетъ, чтобы рано увянуть, и несчастная Ганнеле Маттернъ, чью безотрадную участь такъ тепло, правдиво и художественно возсоздалъ Гергартъ Гауптманъ въ своей оригинально задуманной драмѣ. Исторія кратковременной жизни бѣдной, незамѣтной героини этой пьесы представляетъ собою настоящій мартирологъ, а печальная развязка, покушеніе дѣвочки на самоубійство, ея болѣзнь и предсмертныя видѣнія, проносящіяся передъ ея умственнымъ взоромъ,—все это является вполнѣ естественнымъ завершеніемъ сумрачнаго, безрадостнаго существованія Ганнеле, утратившей вѣру въ то, что можетъ быть что-нибудь хорошее, свѣтлое въ этомъ мірѣ... И въ тѣхъ реальныхъ сценахъ, которыя разыгрываются на нашихъ глазахъ, и въ навѣянныхъ сильнымъ лихорадочнымъ состояніемъ видѣніяхъ и образахъ достаточно ярко отражаются страданія и муки, которыя должна была терпѣть слабая, болѣзненная дѣвочка, чьи ощущенія и мысли ни для кого не были интересны. Она привыкла вѣчно бояться, дрожать, ожидать наказанія или грубаго окрика безъ всякой вины съ своей стороны, голодать или мерзнуть безъ теплой одежды. Только одинъ человѣкъ, учитель Готтвальдъ, принялъ въ ней участіе, сумѣлъ заглянуть въ ея запуганную, истерзанную душу. Недаромъ въ лихорадочномъ бреду Ганнеле образъ этого гуманнаго человѣка незамѣтно отожествился съ обликомъ Христа!..

Когда Готтвальдъ приноситъ въ первой части драмы полумертвую, только-что вытащенную изъ воды дѣвочку, чувство паническаго страха пересиливаетъ въ ея душѣ всѣ остальныя, едва она приходитъ въ себя. Тщетно учитель проситъ ее успокоиться, ободриться... «Ну, хорошо, хорошо! не бойся! Ничего съ тобой не будетъ».—«Я такъ боюсь... такъ боюсь!»—«Да тебѣ совсѣмъ нечего бояться... Никто тебѣ ничего не сдѣлаетъ».—«Отецъ... отецъ!..»—«Его здѣсь нѣтъ».—«Онъ придетъ,—я боюсь...» *) Ганнеле жалуется на холодъ, говоритъ, что хочетъ ѣсть и пить; но, когда ей предлагаютъ ѣду и питье, она отказывается ихъ принять.

Готтвальдъ допытывается, что у нея болитъ; отвѣтъ все тотъ же, простой, но глубоко печальный: «Я такъ боюсь!» Когда же у нея хотятъ узнать, почему она бросилась въ прудъ, что она надѣялась найти въ его водахъ, дѣвочка отвѣчаетъ несмѣлымъ голосомъ, точно открывая нехотя дорогую ея сердцу тайну: «Меня звали».—«Кто звалъ?»—«Нашъ Господь Іисусъ Христосъ».—«Откуда же звалъ тебя Іисусъ Христосъ?»—«Изъ воды!»—«Откуда?..»—«Оттуда, со дна, изъ воды».—Начинаются

---

*) Всѣ цитаты изъ „Hannele Mattern's Himmelfahrt" приводимъ по русскому переводу К. Д. Бальмонта (Г. Гауптманъ. „Драматическія сочиненія". М. 1900).

галлюцинаціи, и Ганнеле прежде всего мерещится образъ ея вотчима, этого грубаго и безжалостнаго каменщика Маттерна, который главнымъ образомъ и довелъ ее до полнаго отчаянія и мыслей о смерти.

«Куда пропала! — хриплымъ голосомъ кричитъ эта страшная фигура.—Эй, гдѣ ты была? Что ты сдѣлала? Я тебѣ покажу! Я тебя проучу! Постой! Ты чего тамъ людямъ наболтала? Я тебя билъ, дурно обращался съ тобой? Э, вѣрно! Ты вѣдь не мой ребенокъ. Ну, живо вставай! Мнѣ до тебя дѣла нѣтъ. Я тебя могъ на улицу вышвырнуть... Встань и разводи огонь. Ну что же, скоро? Изъ милости вѣдь у меня въ домѣ живешь. А теперь еще лѣнтяйничать будешь? Ну, что же, скоро? Вотъ я тебя поучу пока!»

Когда мысли Ганнеле принимаютъ другое направленіе, и умирающей дѣвочкѣ начинаетъ казаться, что наступила минута избавленія, перехода въ лучшій міръ, награды за всѣ вынесенныя раньше муки, въ тѣхъ кроткихъ, ласковыхъ, хотя и нѣсколько наивныхъ рѣчахъ, которыя она приписываетъ своему другу и покровителю Готтвальду, какъ ей грезится, приводящему дѣтей къ ея смертному ложу и плачущему надъ ея бездыханномъ тѣломъ, — въ этихъ рѣчахъ опять чувствуются отголоски той юдоли страданій, черезъ которую должна была пройти несчастная Ганнеле! Готтвальдъ указываетъ собравшимся дѣтямъ на рѣзкую противоположность между тѣмъ, что ранѣе было удѣломъ несчастной страдалицы, и тѣмъ, что ей выпадаетъ на долю послѣ смерти:

«Посмотрите, какою прекрасною сдѣлала смерть эту милую дѣвочку. Она была одѣта въ лохмотья,—теперь на ней шелковое платье. Бѣгала она босоножкой, — а теперь на ней хрустальные башмаки. Скоро она будетъ жить въ золотомъ замкѣ и каждый день будетъ ѣсть жаркое. Здѣсь она ѣла только холодный картофель, да и того ей не всегда перепадало... Здѣсь вы всегда называли ее принцессой-оборванкой, а теперь она скоро станетъ настоящей принцессой! И потому, если кто изъ васъ хочетъ попросить у ней въ чемъ-нибудь прощенія, пусть онъ сдѣлаетъ это теперь же, а то она все разскажетъ Богу, и вамъ будетъ худо». Наконецъ, въ моментъ окончательнаго апоѳеоза Ганнеле таинственный Странникъ призываетъ ангеловъ окутать мягкими одеждами «изношенное тѣльце, что въ холодѣ дрожало, сохло въ зноѣ»...

Вспомнимъ кстати маленькую Берту, дочь Ганны,— изъ драмы того же автора «Извозчикъ Геншель»,— которую главный герой привозитъ въ свой домъ, принявъ ее подъ свое покровительство, твердо увѣренный въ томъ, что жена пригрѣетъ и приласкаетъ своего ребенка. Въ дѣйствительности, какъ только Ганна слышитъ о поступкѣ мужа, она опредѣленно выражаетъ свое неудовольствіе по этому поводу и отрекается отъ Берты. «Такъ онъ думаетъ, что я ее здѣсь оставлю? Не бывать этому никогда! Это не мой ребенокъ! Какъ теперь люди-то будутъ на меня смотрѣть? Развѣ я не довольно намучилась? День и ночь надо было няньчиться съ Густлей. А теперь опять начинается каторга. Только этого и недоставало. Ужъ берегись онъ» *). Когда появляется ни въ чемъ неповинная Берта въ сопровожденіи Геншеля, мать принимаетъ ее сурово и грубо, спрашиваетъ: «что тебѣ здѣсь нужно», толкаетъ ее, даетъ ей напиться, точно изъ милости («на, пей молоко, да спать убирайся»), доводитъ ее до горькихъ слезъ. Тщетно старается добрый по натурѣ Геншель заступиться за

---

*) Всѣ цитаты по переводу В. Саблина (Г. Гауптманъ. „Драмат. сочиненія“, стр. 49—125).

эту жалкую, грязно одѣтую, запуганную дѣвочку, напомнить женѣ объ ея обязанностяхъ. «А ты купи ей поскорѣе что надѣть-то! У нея почти ничего нѣтъ на тѣлѣ. Хорошо еще, что со мной была толстая попона, а то бы она замерзла дорогой. А лучше всего — сейчасъ же ее въ корыто!» Немного погодя онъ спрашиваетъ Ганну, неужели она и дальше будетъ такъ обращаться со своимъ ребенкомъ... «Не съѣмъ ее, не бойся!» грубо отвѣчаетъ г-жа Геншель, и мы чувствуемъ, что маленькую Берту ожидаетъ тяжелая, грустная участь, что одинъ только Геншель, въ тѣхъ случаяхъ, когда онъ будетъ дома, станетъ ласкать совершенно чужого для него, въ сущности, ребенка.

Въ четвертомъ актѣ онъ не даромъ приводитъ дѣвочку въ пивную, гдѣ ей совсѣмъ не мѣсто,—потому что дома ее не на кого оставить, и ему самому приходится иногда превращаться въ настоящую няньку. Маленькая Густля, о которой упоминалось выше, — дочь Геншеля отъ перваго брака,—умираетъ въ самомъ нѣжномъ возрастѣ, и мы можемъ догадываться, что ей не сладко жилось подъ наблюденіемъ молодой мачехи, тяготившейся ея присутствіемъ, няньчившей ее съ отвращеніемъ, видѣвшей въ ней только нежелательную помѣху...

Ганнеле, утративъ надежду испытать на землѣ свѣтлыя, отрадныя минуты, бросается въ воду, ища спасенія въ самоубійствѣ, простодушно объясняя свое рѣшеніе вмѣшательствомъ высшей силы, будто бы призывавшей ее изъ глубины воды. Къ тому же способу избавиться отъ тревогъ и невзгодъ повседневной жизни прибѣгаетъ главный герой романа Макса Кретцера «Замкнутый человѣкъ», Робертъ, проводящій раннее дѣтство при ужасныхъ условіяхъ, эксплоатируемый и изнуряемый своимъ вотчимомъ, пока, наконецъ, дѣтскою душою не овладѣваетъ подъ вліяніемъ этого самое мрачное, безпросвѣтное отчаяніе... Вдова богатаго фабриканта, Доротея Зоммерландъ, проѣзжая вечеромъ въ своей каретѣ по берегу одного канала, видитъ большую толпу, собравшуюся въ одномъ мѣстѣ и, видимо, принимающую живое участіе въ судьбѣ маленькаго Роберта, только-что бросившагося въ воду. Госпожа Зоммерландъ сама заинтересовывается этимъ печальнымъ эпизодомъ, внезапно рѣшаетъ что-нибудь сдѣлать для несчастнаго мальчика и, какъ только его удается вытащить изъ воды, беретъ его подъ свое покровительство и велитъ его перенести, почти безъ признаковъ жизни, въ свой роскошный, помѣстительный и уютный домъ. Она хочетъ прежде всего согрѣть, уложить въ постель и подкрѣпить всѣмъ, чѣмъ можно, бѣднаго Роберта, который внушаетъ ей невольное состраданіе. Обстоятельства складываются однако совершенно по-другому, и Робертъ навсегда остается въ домѣ своей благодѣтельницы, при чемъ главнымъ виновникомъ этого является сынъ г-жи Зоммерландъ, Альвинъ, ровесникъ спасеннаго мальчика, чувствующій къ нему живую симпатію и умоляющій мать не разлучать ихъ болѣе.

«Не правда ли, мы вѣдь позаботимся о немъ? Онъ мнѣ все разсказалъ. Его мать уже умерла. Она была такая же добрая, какъ ты, и онъ ее очень любилъ. Но его вотчимъ еще живъ и заставляетъ его голодать, потому что онъ недостаточно зарабатываетъ! Вчера онъ цѣлый день ничего не ѣлъ; квартира была заперта... Тогда онъ пошелъ на кладбище—знаешь, тамъ, за городомъ, возлѣ шоссе—проститься съ могилой своей матери, и затѣмъ бросился въ воду, чтобы покончить съ собой. Для этого нужно мужество, не такъ ли? Да, онъ храбръ, нужно въ этомъ сознаться!»

Когда докторъ Ганебушъ, другъ дома, старинный знакомый семьи Зоммерландъ, спрашиваетъ его, о чемъ онъ думалъ, бросаясь въ воду, мальчикъ отвѣчаетъ этой «траги-комической», по выраженію автора, фразой: «Я думалъ о томъ, что вотчимъ будетъ сердиться, когда узнаетъ, что я умеръ... *Вѣдь тогда ему некого было бы посылать съ порученіями*». «Откровенно говоря,— замѣчаетъ докторъ, бесѣдуя съ г-жей Зоммерландъ,— мальчикъ производитъ хорошее впечатлѣніе. У него открытое, честное лицо. Дѣти рабочихъ, съ чисто мужскою серьезностью на юношескомъ лицѣ, всегда кажутся мнѣ похожими на слишкомъ обремененныя фруктовыя деревья, вѣтви которыхъ ломаются подъ тяжестью зрѣлыхъ плодовъ. Голова у нихъ опережаетъ на много лѣтъ остальное тѣло». Робертъ не возвращается болѣе къ своему пьяному мучителю и эксплоататору, онъ выростаетъ въ домѣ Зоммерландовъ, почти что на положеніи члена семьи, ближайшаго товарища Альвина. Многіе ему завидуютъ, но въ дальнѣйшей жизни Роберта бываютъ все же моменты, когда ему въ той или другой формѣ напоминаютъ о его происхожденіи, о той пропасти, которая его отдѣляетъ отъ пріютившихъ его людей,—и въ эти минуты ему становится необыкновенно тяжело и больно...

Подобно тому, какъ г-жа Зоммерландъ подбираетъ на берегу канала только-что вытащеннаго изъ воды Роберта,—герой романа «Жертва» Шпильгагена, графъ Вильфридъ Фалькенбургъ, принимаетъ участіе въ ставшемъ жертвой несчастнаго случая на одной изъ берлинскихъ улицъ мальчикѣ, Фрицѣ Шульцѣ, котораго онъ привозитъ въ извозчичьемъ экипажѣ къ его роднымъ, рѣшивъ употребить всѣ мѣры для того, чтобы ему была обезпечена медицинская помощь и тщательный уходъ. Этотъ случайный эпизодъ знакомитъ Вильфрида, въ эту пору—аристократа до мозга костей. съ совершенно ему неизвѣстною до той минуты жизнью берлинскаго пролетаріата. Онъ попадаетъ въ несчастную, деморализованную и вѣчно голодающую семью, которой суждено сыграть важную роль въ его жизни, подъ вліяніемъ вспыхивающей въ его сердцѣ горячей любви къ сестрѣ Фрица, Лоттѣ Шульцъ, чья обаятельность заставляетъ его забыть о своемъ происхожденіи и о всѣхъ традиціяхъ или предразсудкахъ, раньше казавшихся ему незыблемыми.

Онъ видитъ передъ собою картину нужды, полнаго разлада, грубыхъ нравовъ, отсутствія какого-либо воспитанія или хорошаго, поучительнаго примѣра. Самъ Шульцъ напивается до безчувственнаго состоянія, бранится и дерется со своею женою въ присутствіи дѣтей. Жена его превратилась съ теченіемъ времени въ типичную попрошайку и, съ другой стороны, не имѣетъ никакого понятія о воспитаніи дѣтей и благотворномъ вліяніи на ихъ духовный міръ. Одна изъ дочерей, Элиза, не получивъ, конечно, никакого руководства, никакихъ совѣтовъ и указаній въ семейномъ кругу, стремясь вырваться на свободу, становится проституткой. Другая дочь, Грета, еще совсѣмъ маленькая дѣвочка, въ ту пору, когда Вильфридъ проникаетъ въ этотъ мрачный и грязный подвалъ, больна тифомъ, лежитъ въ жару, лишена въ теченіе нѣсколькихъ дней всякой медицинской помощи и уже не можетъ быть спасена. Одинъ изъ сыновей четы Шульцъ усвоиваетъ постепенно анархическія воззрѣнія и считаетъ всѣ средства для борьбы съ буржуазнымъ обществомъ и богатымъ классомъ дозволенными. Фрицъ долженъ въ самомъ раннемъ возрастѣ бѣгать по улицамъ, продавая спички и лавируя, чтобы не попасть въ руки полиціи, такъ какъ у него нѣтъ установленнаго свидѣтельства на право торговли, а послѣ несчастнаго случая съ нимъ принужденъ провести нѣсколько недѣль въ клиникѣ, лишившись даже скуднаго заработка. Все это вмѣстѣ производитъ удручающее впечатлѣніе... «Намъ никто не можетъ помочь», грустно говоритъ Лотта, обращаясь къ Вильфриду, а когда онъ удивляется, какъ можетъ опасно больная Грета оставаться въ ихъ подвальной каморкѣ, она замѣчаетъ тѣмъ же тономъ: «*Въ нашемъ тѣсномъ жилищѣ всегда было все же достаточно мѣста для большого горя!..*»

Страданія ребенка, подавленнаго нуждою, очень ярко и тепло изображены и въ романѣ Маріи Яничекъ «Трудная побѣда», героиня котораго, г-жа Плесси, только силою обстоятельствъ доведена была до бѣдности и голода, но не вышла сама изъ народа (ея предки были французскими эмигрантами). Весьма удались г-жѣ Яничекъ страницы, посвященныя характеристикѣ маленькой дѣвочки этой неудачницы, Пеппи, и ея внутренняго міра. Въ иныхъ случаяхъ ея наивность, дѣтскія выходки, попытки изобразить изъ себя «взрослую» и продиктованные любопытствомъ разспросы заставляютъ насъ невольно улыбнуться... Наряду съ этимъ, ея преждевременное знакомство съ отрицательными сторонами жизни, раннее развитіе нервности, необходимость выносить тяжелыя лишенія, неожиданные приступы серьезности и сосредоточенности, являющіеся на смѣну дѣтскимъ шалостямъ,—все это производитъ подчасъ грустное впечатлѣніе. Дѣвочка чувствуетъ, что онѣ съ матерью занимаютъ странное положеніе, не подходятъ къ той средѣ, которая ихъ окружаетъ,—и вмѣстѣ съ тѣмъ, подъ вліяніемъ своей бѣдности, не могутъ поддерживать сношеній съ болѣе зажиточными кругами, которые считаютъ себя въ правѣ смотрѣть на нихъ сверху внизъ.

Когда она играетъ съ уличными мальчиками, тѣ инстинктивно угадываютъ въ ней что-то чуждое, непонятное имъ; поражаютъ ихъ и тѣ французскія фразы, которыя иногда изрекаетъ дѣвочка, вѣроятно для того, чтобы произвести на нихъ болѣе сильное впечатлѣніе...

Пеппи, естественно, хочется допытаться, почему онѣ съ матерью такъ бѣдны, кто былъ ея отецъ, почему мать никогда не говоритъ о прошломъ... Очень наивный и все же глубоко печальный характеръ носятъ иные вопросы бѣдной дѣвочки, которая хочетъ разрѣшить свои сомнѣнія, выяснить себѣ ту участь, которая ей предстоитъ...

«Г-жа Плесси отложила въ сторону свою работу, которая еще не была окончена, подняла свои усталыя руки...

— «Подойди ко мнѣ!

«Онѣ обнялись въ темнотѣ.

— «Почему у насъ такъ темно сегодня?

— «Потому что у меня нѣтъ свѣчей!

— «Скажи, отчего ты такая бѣдная?

— «Я тебѣ потомъ когда-нибудь разскажу объ этомъ... когда ты выростешь!..

— «Почему же у меня нѣтъ отца?

— «Твой отецъ умеръ, маленькая, глупенькая Пеппи! Но другой Отецъ находится на небесахъ, продолжаетъ жить!..

— «Ахъ, Онъ находится такъ далеко отъ насъ и не видитъ того, что дѣлается въ нашей комнатѣ...

— «Напротивъ, крошка! Онъ все видитъ и всюду присутствуетъ!—Она нѣжно погладила щечку дѣвочки.

— «Значитъ—и у насъ?..

— «Конечно, и у насъ!

— «Ты думаешь?—спросила дѣвочка, внимательно прислушиваясь.

— «Ну да! Онъ знаетъ даже, сколько волосъ у тебя на головкѣ!

— «Ты думаешь, ему извѣстно, что я голодна?

«На одно мгновеніе водворилась тишина; потомъ раздались произнесенныя шопотомъ, почти со слезами въ голосѣ, слова:

— «Да, моя дорогая!

— «Mais vous êtes trés bête, chère maman! Donnez-moi votre porte-monnaie!..

««Г-жа Плесси пришла въ замѣшательство.

— «Къ чему? Вѣдь тамъ ничего нѣтъ...

— «Давай его сюда, давай! - воскликнула Пеппи съ нетерпѣніемъ.»

Дѣвочка схватываетъ пустое портмонэ, становится на колѣни и начинаетъ шептать трогательную, наивную, чисто дѣтскую молитву, прося о помощи, объ избавленіи отъ нужды... Она твердо увѣрена,—вѣдь ей всего шесть лѣтъ,—что портмонэ сейчасъ же наполнится блестящими монетами, и нуждѣ наступитъ конецъ! Она ждетъ немедленнаго чуда, считая по пальцамъ до десяти,—и когда оно не приходитъ, ея надежда смѣняется отчаяніемъ, слезами, ропотомъ, и злополучное портмонэ летитъ прочь, отброшенное съ негодованіемъ нервною, неуравновѣшенною, впечатлительною дѣвочкой...

Однажды Пеппи приглашаетъ къ себѣ подругъ, обѣщая угостить ихъ шоколадомъ, который приготовляется г-жею Плесси на послѣдніе гроши. Она очень мило разыгрываетъ изъ себя хозяйку въ отсутствіе матери, которая нарочно ушла изъ дому, чтобы не мѣшать дѣтямъ. Но, когда ей нужно накрыть на столъ, она съ ужасомъ замѣчаетъ вдругъ, что у нея нѣтъ скатерти. Недолго думая, она извлекаетъ изъ шкапа бѣлую нижнюю юбку матери, искусно подгибаетъ тесемки, чтобы ихъ не было видно, и превращаетъ эту часть туалета въ импровизированную скатерть. Къ сожалѣнію, во время пребыванія подругъ, злополучныя тесемки случайно выбиваются наружу, вызывая естественное недоумѣніе у собравшихся дѣвочекъ. Тогда Пеппи, чтобы какъ-нибудь поправить дѣло, начинаетъ увѣрять ихъ, что это— особая французская скатерть, что во Франціи скатерти всегда дѣлаются съ тесемками, чтобы ихъ можно было привязать къ столу. Но ея природная правдивость въ концѣ концовъ одерживаетъ верхъ, и, провожая подругъ, она неожиданно признается имъ, что хотѣла ихъ обмануть...

Современная англійская беллетристика, хотя и болѣе осторожная въ дѣлѣ изображенія грубыхъ или неприглядныхъ сторонъ жизни, тѣмъ не менѣе также сдѣлала свой вкладъ въ освѣщеніе и разработку вопроса объ участи дѣтей, живущихъ въ скученныхъ, нездоровыхъ кварталахъ большихъ городовъ. Здѣсь невольно вспоминается одна книга, которую въ значительной степени можно признать типичною и характерною для всѣхъ опытовъ художественнаго возсозданія судьбы голодныхъ или забитыхъ дѣтей. Эта книга, безспорно, заслуживаетъ болѣе детальнаго разбора и по богатству фактическаго содержанія, и по тому воодушевленію, какое обнаруживаетъ мѣстами авторъ.

Мы имѣемъ въ виду полубеллетристическое произведеніе Ричарда Уайтинга «Джонъ-Стритъ, № 5», вышедшее нѣсколько лѣтъ тому назадъ. Можно отъ души пожалѣть о томъ, что эта своеобразная вещь осталась почти незамѣченною у насъ. Уайтингъ набрасываетъ здѣсь потрясающую картину нужды, деморализаціи, подавленнаго душевнаго состоянія, отчаянной борьбы изъ-за куска хлѣба, физическихъ страданій и постепеннаго вырожденія обитателей одного изъ самыхъ ужасныхъ въ санитарномъ отношеніи кварталовъ Лондона. Съ перваго взгляда можно подумать, что онъ имѣетъ въ виду только одну улицу, Джонъ-Стритъ, и даже только одинъ домъ на этой улицѣ (№ 5), но стоитъ немного вчитаться, чтобы истинная задача автора стала намъ вполнѣ ясна. Онъ самъ говоритъ въ одномъ случаѣ, что въ любомъ большомъ городѣ найдется своя Джонъ-Стритъ, столь же мрачная, губительная, напоминающая адъ, со всѣми его ужасами... Такимъ образомъ улица, изображаемая авторомъ, получаетъ символическое значеніе,—становится яркимъ символомъ горя, мрака, отчаянія, непосильнаго и невыгоднаго труда или абсолютной нищеты, застарѣлаго алкоголизма, отсутствія бодрыхъ надеждъ и вѣрованій,—словомъ, всего, что можно наблюдать вдали отъ центральныхъ, болѣе щеголеватыхъ и нарядныхъ кварталовъ, производящихъ такое привлекательное впечатлѣніе на туристовъ, которые не вѣдаютъ того, что происходитъ «на днѣ».

Романъ Уайтинга,—если только это названіе подходитъ къ полубеллетристическому произведенію, въ которомъ борьба съ темными явленіями современной англійской жизни подчасъ отодвигаетъ на второй планъ весьма несложную завязку,—касается положенія дѣтей только между прочимъ, на ряду со взрослыми; но тѣ страницы, которыя сюда относятся, производятъ все же очень сильное впечатлѣніе, заставляя забывать объ отдѣльныхъ проявленіяхъ юмора или желанія мистифицировать читателя, попадающихся въ этомъ своеобразномъ произведеніи. Уайтингъ разскажетъ намъ о дѣтяхъ, которыя лишены чистаго воздуха, правильнаго воспитанія, ухода, нравственнаго руководства, сверхъ того, принуждены зачастую голодать, когда у старшихъ нѣтъ заработка. Сами дѣти съ самаго ранняго возраста начинаютъ трудиться и помогать родителямъ, при чемъ иногда это губитъ въ конецъ ихъ молодой организмъ.

Очень трогательна исторія одной дѣвочки, по имени Нэнсъ, типичной представительницы этого страшнаго квартала; она совсѣмъ зачахла и расшатала свое здоровье, работая на какой-то фабрикѣ, гдѣ ей приходилось цѣлый день дышать вреднымъ, отравленнымъ воздухомъ, вызвавшимъ у нея, наконецъ, самые тревожные симптомы. Работу пришлось бросить, хотя она и увеличивала доходы семьи; благодаря помощи посторонняго лица, удалось отправить Нэнсъ въ деревню, чтобы она могла поправиться, дыша хорошимъ воздухомъ. Но вредъ, нанесенный ребенку жизнью въ этомъ зловѣщемъ домѣ № 5 и работой на фабрикѣ, которая отравляетъ и убиваетъ дѣтей совершенно такъ же, какъ трудъ рабочихъ, обдѣлывающихъ перламутровыя раковины, изображенный въ драмѣ «Бартель Туразель»,— этотъ вредъ уже не можетъ быть поправленъ. Живя въ деревнѣ, дыша новымъ воздухомъ, окруженная относительнымъ уходомъ, Нэнсъ все же быстрыми шагами приближается къ роковой развязкѣ. Не по лѣтамъ развившаяся дѣвочка прекрасно сознаетъ положеніе вещей, чувствуетъ, что она недолговѣчна...

Когда вѣсть о ея смерти доходитъ до Джонъ-Стритъ, въ загрубѣлыхъ сердцахъ ея обитателей словно начинаетъ шевелиться что-то болѣе мягкое, всѣ жалѣютъ дѣвочку, находятъ, что она была чуть ли не душой дома, вносила въ него свѣтъ и тепло... Только отдѣльныхъ обитателей дома № 5 эта грустная развязка настраиваетъ на болѣе озлобленный, революціонный ладъ, заставляя ихъ громить то положеніе вещей, при которомъ маленькія дѣти, чтобы не умереть съ голода, должны изнурять себя непосильною и вредною работой, сводящей ихъ въ могилу!..

Чтобы покончить съ этою интересною книгой, укажемъ на то мѣсто, гдѣ описывается грандіозный обѣдъ для бѣднѣйшаго класса, устроенный по случаю юбилея королевы Викторіи. Когда принцесса Уэльская обходитъ всѣ столы со своими приближенными и обращается къ нѣкоторымъ изъ обѣдающихъ съ ласковыми словами и разспросами, старшая сестра Нэнсъ, ободренная тѣмъ, что къ ней обратились такъ просто и, повидимому, благосклонно, въ нескладной по формѣ, но очень трогательной рѣчи умоляетъ принцессу побывать когда-нибудь въ Джонъ-Стритъ, посмотрѣть, какъ тамъ живутъ дѣти; взрослыхъ уже нельзя спасти, ихъ пѣсня спѣта, имъ уже никто не поможетъ, но пусть вспомнятъ о маленькихъ существахъ, еще только вступающихъ въ жизнь! *Для нихъ можно многое сдѣлать!..*

VII.

«Каждый разъ при наступленіи октября я почти съ ужасомъ припоминаю то время года, когда, послѣ окончанія каникулъ, я одинъ возвращался въ коллэжъ. Печальная минута! Грустное время, которое черезъ много лѣтъ смотритъ на меня съ тусклымъ взоромъ надгробной статуи... Однообразное и грустное существованіе среди высокихъ стѣнъ, на этомъ дворѣ, до котораго не доходятъ лучи солнца. Тамъ, именно тамъ моя совсѣмъ еще юная душа разлюбила жизнь, такъ какъ слишкомъ хорошо познала Смерть!.. Вотъ гдѣ намъ испортили нашу любовь къ Природѣ! Быстрыя воды, вѣтерокъ, гуляющій по хлѣбнымъ полямъ, птицы, большое пространство, широкій горизонтъ, красивыя животныя, деревья, листья которыхъ шумятъ, какъ говоръ толпы,—ничто не восхищаетъ меня, ничто не придаетъ мнѣ желанія жить!» [1].

Эти характерныя строки, которыя мы встрѣчаемъ въ разсказѣ Жоржа Роденбаха «Коллэжъ», носящемъ вполнѣ автобіографическую окраску, невольно приходятъ

---

[1] Перев. М. В. Веселовской (изъ книги „Прялка Тумановъ", посмертные разсказы Жоржа Роденбаха. Второе изданіе. М. 1904).

намъ на память, когда мы знакомимся съ яркими картинами внутренняго быта закрытыхъ учебныхъ заведеній, вышедшими изъ-подъ пера современныхъ французскихъ беллетристовъ. Обличая недостатки и отрицательныя стороны домашняго воспитанія, иные изъ нихъ удѣляютъ вмѣстѣ съ тѣмъ немало вниманія и участи дѣтей, выростающихъ въ стѣнахъ интернатовъ, оторванныхъ отъ жизни, поставленныхъ въ самыя ненормальныя условія. Здѣсь опять слѣдуетъ упомянуть о романѣ Экара «Душа одного ребенка». Романъ этотъ въ значительной степени посвященъ характеристикѣ провинціальнаго лицея, гдѣ грустно провелъ лучшую пору дѣтства Реймонъ Мартель. Заключительная часть этого тенденціознаго романа не принадлежитъ даже къ области беллетристики; это—пространное разсужденіе о вредѣ интернатовъ, разбитое на нѣсколько главъ: интернатъ наполеоновскій, духовный, свѣтскій и т. д. Да и въ предыдущихъ частяхъ романа, разсказывая с злоключеніяхъ своего юнаго героя, авторъ нерѣдко прерываетъ нить повѣствованія своего рода лирическими отступленіями, въ которыхъ отражаются его собственные взгляды на вопросы воспитанія. Раньше чѣмъ его отдали въ лицей, Реймонъ учился въ школѣ монаховъ «ignorantins», гдѣ учениковъ били линейкой, нанося иногда по десяти ударовъ сряду; потомъ въ высшемъ пансіонѣ, гдѣ уже склоняли rosa, rosae... Начальство и педагогическій персоналъ этого пансіона съ успѣхомъ занимались систематическимъ угнетеніемъ воли и характера мальчика... Всякое проявленіе индивидуальности съ его стороны встрѣчало суровый отпоръ. «Твой непокорный духъ тебя погубитъ»,—говорили ему постоянно. Онъ любилъ во время рекреаціи подбѣгать къ полурастворенной калиткѣ, откуда можно было видѣть хоть маленькій уголокъ природы, траву, растенія, муравьевъ, ящерицъ... Объ этомъ вскорѣ узнали, калитку задѣлали наглухо, а ему самому пригрозили строгимъ наказаніемъ, въ случаѣ если онъ еще разъ будетъ замѣченъ въ чемъ-либо подобномъ...

Въ лицеѣ Реймона ожидали новыя, еще болѣе тяжелыя разочарованія. Онъ искренно хотѣлъ учиться, готовъ былъ идеализировать своихъ учителей и воспитателей, надѣялся, что они придутъ на помощь его любознательности, отнесутся къ нему участливо. Онъ почему-то инстинктивно искалъ у всѣхъ сочувствія, поддержки, защиты. На дѣлѣ получается, однако, совсѣмъ иное... Онъ узнаетъ, что надзирателямъ и воспитателямъ, по распоряженію начальства, запрещено говорить съ учениками о постороннихъ предметахъ, забывая о школьной дисциплинѣ. Зато они очень успѣшно подслушиваютъ, стоя за дверью, разговоры учениковъ... Взаимныя отношенія учащихъ и учащихся — чисто внѣшнія, оффиціальныя, холодныя. Всевозможныя наказанія, образующія цѣлую систему, составляютъ заурядное явленіе въ стѣнахъ лицея.

Вотъ очень характерная сцена, разыгрывающаяся въ дортуарѣ, когда воспитанники ложатся спать. Надзиратель подгоняетъ ихъ, находя, что они черезчуръ замѣшкались съ раздѣваніемъ.

— «Скорѣе, господа, скорѣе! Вы всѣ сегодня запоздали! Тотъ, кто ляжетъ позже всѣхъ, будетъ лишенъ рекреаціи. Ларжери, вы уже слишкомъ отстаете отъ другихъ, — торопитесь же, торопитесь! Я вамъ даю еще одну минуту!.. Минута прошла, — Ларжери, вы лишаетесь рекреаціи!

— «Но, позвольте...

— «Вы возражаете? За это вы лишаетесь, сверхъ того, воскреснаго отпуска!»

Недаромъ Реймонъ, еще не свыкшійся въ ту пору съ

безсмысленною муштровкой учениковъ, заливается горькими слезами послѣ этой возмутительной сцены. «Я хочу уйти отсюда, уйти сейчасъ же!» повторяетъ онъ въ припадкѣ отчаянія.

Науки преподаются въ этомъ лицеѣ сухо, формально, неинтересно... О настоящемъ развитіи учениковъ никто не думаетъ; ихъ любознательность остается неудовлетворенною. Схоластика новой формаціи вытѣснила живое слово. О томъ, что происходитъ тамъ, за стѣнами лицея, ученики не имѣютъ понятія! Природа имъ совершенно незнакома и чужда. Когда Реймонъ впервые уѣзжаетъ на каникулы въ деревню, онъ предлагаетъ всѣмъ такіе вопросы, которые вызываютъ общій смѣхъ. «Что это за желтая трава растетъ вонъ тамъ», пресерьезно спрашиваетъ онъ у своего дяди. «Да вѣдь это пшеница!» восклицаетъ тотъ. Когда въ полѣ попадается случайно сорока, мальчикъ вспоминаетъ, что онъ уже разъ видѣлъ сороку... въ иллюстрированномъ изданіи басенъ Лафонтена! «Чему же васъ учатъ въ лицеѣ?» невольно вырывается у дяди, пораженнаго абсолютнымъ невѣжествомъ Реймона по части всего, что касается природы. «Ахъ, Боже мой, дядя! ну, латинскому языку, напримѣръ!..»

Въ сумрачныхъ стѣнахъ лицея дѣти выростаютъ, никогда не видя животныхъ, по которымъ иныя изъ нихъ положительно тоскуютъ. Встрѣчая на волѣ собакъ, Реймонъ каждый разъ испытываетъ грустное ощущеніе, потому что эти встрѣчи оживляютъ въ его душѣ все тѣ же томительныя воспоминанія объ его невольной обособленности отъ всего міра. «Вѣдь на дворѣ, гдѣ играютъ воспитанники, никогда не встрѣтишь собакъ... Эти друзья дѣтей отсутствуютъ въ лицеяхъ». «Растенія и животныя,—говоритъ въ другомъ случаѣ Жанъ Экаръ,—необходимые друзья ребенка!» Между тѣмъ всѣ проявленія любви интереса дѣтей къ природѣ и животному міру тотчасъ же охлаждаются и вызываютъ репрессивныя мѣры. У одного ученика нашли розу,— она была немедленно конфискована, какъ совершенно ненужный предметъ... Однажды въ дортуаръ залетѣла случайно сова; ученики даже ей были рады! Тотчасъ же на несчастную птицу была устроена надзирателемъ настоящая облава, при чемъ ее не просто удалили изъ комнаты, выгнали въ окно, какъ можно было ожидать, а убили на глазахъ мальчиковъ...

Желая имѣть около себя хоть какое-нибудь живое созданіе, Реймонъ — странно сказать! — ищетъ повсюду паука, такъ какъ онъ привыкъ относиться къ этимъ маленькимъ, невзрачнымъ существамъ безъ всякой брезгливости или страха. Но даже паука не такъ-то легко найти въ этомъ безжизненномъ, чисто казарменномъ мірѣ! «Паукъ,— иронически замѣчаетъ Экаръ,— считается въ лицеяхъ, да и не безъ основанія, столь же подозрительнымъ, какъ и роза». Найдя какимъ-то чудомъ паука, мальчикъ возится съ нимъ, прячетъ его отъ взоровъ надзирателя, даетъ ему имя «Victorine» и въ одномъ случаѣ обращается къ нему съ этими характерными словами: «Какъ это тебѣ могла притти въ голову смѣшная мысль,— поселиться въ лицеѣ, разъ никто не принуждалъ тебя къ этому?..» «Въ лицеяхъ,— говоритъ авторъ,— не живется хорошо ни розамъ, ни паукамъ, ни воробьямъ, ни совамъ, ни маленькимъ дѣтямъ». Разъ въ тотъ лицей, гдѣ учился Реймонъ, проникъ какой-то человѣкъ, показывавшій ученыхъ, дрессированныхъ чижей, которые между прочимъ стрѣляли изъ маленькой игрушечной пушки. Дѣтямъ это показалось очень забавнымъ. «Теперь же я говорю себѣ,— прибавляетъ Реймонъ,— что эти птицы были очень несчастны, и что мы, школьники, были какъ бы ихъ родными братьями, такъ какъ мы тоже находились взаперти и тоже считались учеными».

Разъединивъ учениковъ съ природой, начальство и главные преподаватели лицея пичкаютъ ихъ риторикою, наполняютъ ихъ мозги книжною премудростью, не заботясь о томъ, чтобы приготовить ихъ къ жизни. На торжественномъ актѣ одинъ изъ преподавателей читаетъ рѣчь на тему: «Объ опасностяхъ, связанныхъ съ вліяніемъ пластическаго чувства аѳинянъ на гражданское воспитаніе молодыхъ спартанцевъ». Религія преподается тамъ чисто формальнымъ образомъ: дѣтей заставляютъ учить тѣ или другіе тексты, не прививая имъ основъ христіанской морали, любви къ ближнимъ, стремленія къ душевной чистотѣ. Ихъ стараются только запугивать адскими муками, страшнымъ судомъ, безпощаднымъ возмездіемъ за грѣхи; вся свѣтлая, высоко гуманная сторона христіанства оставляется въ тѣни, а грозные, мрачные образы кладутъ свой отпечатокъ на дѣтскія души, привыкающія трепетать и ждать суровой кары...

Намъ невольно вспоминаются опять слова Роденбаха: «Священникъ съ каѳедры говорилъ намъ печальныя и суровыя рѣчи о бренности жизни, о неизбѣжности смерти, ужасѣ грѣха... По традиціи всегда произносилась рѣчь объ адѣ, оставившая у меня въ особенности тяжелое воспоминаніе. Каждый годъ, вечеромъ, въ церкви, уже потонувшей въ сумракѣ, проповѣдникъ начиналъ рѣчь на этотъ ужасный сюжетъ. Передъ нами развертывалась трагическая и кровавая картина: внезапно раскрывалась бездна, вѣчное пламя, тѣни, объятыя огнемъ, руки въ обжогахъ, уста, молящія для освѣженія о каплѣ воды, слезѣ Бога, которая никогда не упадетъ».

Жанъ Экаръ старается оттѣнить то пагубное вліяніе, которое весь строй закрытыхъ учебныхъ заведеній оказываетъ на душевный міръ обучающихся въ нихъ дѣтей. Когда Реймона изрѣдка берутъ въ отпускъ, ему кажется, что всѣ люди, которыхъ онъ встрѣчаетъ, необыкновенно громко говорятъ, держатъ себя черезчуръ развязно,—до такой степени онъ успѣлъ уже свыкнуться съ нивеллирующимъ, обезличивающимъ воздѣйствіемъ интерната и его дисциплины! «Интернатъ,—говоритъ авторъ,—прививаетъ намъ рабскіе нравы». Одинъ изъ его положительныхъ героевъ высказываетъ въ одномъ случаѣ увѣренность, что «когда-нибудь люди откажутся отъ воспитательной системы, которая имѣетъ видъ тяжелаго наказанія».

Товарищъ Реймона, Дюранъ, жалкій, тщедушный мальчикъ, положительно зачахнувшій въ этой душной атмосферѣ, умираетъ послѣ безнадежныхъ попытокъ вырваться на свободу... «Это все же очень грустно,—прибавляетъ авторъ:—прожить на свѣтѣ всего 16 лѣтъ, провести изъ нихъ десять въ тюрьмѣ, точно злодѣй!» Другой товарищъ приглашаетъ Реймона, желая доставить ему высшее наслажденіе, тайкомъ взобраться вечеромъ, въ полумракѣ, на ограду лицейскаго двора и посмотрѣть, что дѣлается тамъ, на волѣ... Нужно замѣтить, что съ этой ограды, въ сущности, ничего особеннаго не видно...

Взглядъ Жана Экара на закрытыя учебныя заведенія достаточно выяснился изъ сгруппированныхъ выше примѣровъ. Романистъ вспоминаетъ въ одномъ случаѣ слова Сюлли Прюдомма: «O mères, coupables absentes!» «О, матери!—восклицаетъ онъ,—какъ вы можете, если только вы живы, отдавать воспитаніе вашихъ дѣтей въ руки незнакомыхъ вамъ лицъ!» Домашнее воспитаніе, даже несовершенное, кажется ему все же болѣе желательнымъ, чѣмъ формализмъ и холодная, гнетущая дисциплина закрытыхъ лицеевъ. «Ахъ, экстерны! Они счастливы, эти экстерны!» со вздохомъ произноситъ въ одномъ случаѣ Реймонъ.

Обрисовывая грустную участь своихъ маленькихъ героевъ, Жанъ Экаръ не хочетъ однако идеализировать ихъ всѣхъ, во что бы то ни стало. Онъ покажетъ намъ, напримѣръ, какъ, утомленные и раздраженные режимомъ, царящимъ въ лицеѣ, иные изъ нихъ вымещаютъ свои обиды и горести на немногихъ болѣе слабыхъ и безотвѣтныхъ учителяхъ, которыхъ они не боятся, и которые поэтому становятся ихъ жертвами. Такія же правдивыя картинки съ натуры мы найдемъ въ романѣ Поля Маргеритта «Дѣтская душа» *), гдѣ изображается на этотъ разъ внутренній бытъ военнаго училища и описывается печальная судьба мальчика, страдающаго одновременно и по винѣ тѣхъ порядковъ, которые держатся въ училищѣ, и вслѣдствіе жестокости, безчеловѣчности товарищей, правда, развившихся подъ вліяніемъ тѣхъ же порядковъ. Ученики не прочь посмѣяться надъ тѣми преподавателями, которые имъ кажутся болѣе беззащитными. Какого-то несчастнаго эльзасца они положительно травятъ, нарочно пачкая ему незамѣтно одежду, бросая бумажными шариками прямо въ его лысину и т. д. Эта безцѣльная жестокость до извѣстной степени объясняется только тѣмъ, что имъ приходится вѣчно дрожать передъ всѣми, слышать рѣзкій тонъ, видѣть суровое, чисто начальническое обращеніе,— и подавленное дисциплиною стремленіе къ независимости и защитѣ своихъ интересовъ только изрѣдка прорывается у нихъ, притомъ иногда, какъ, напримѣръ, въ данномъ случаѣ, въ уродливой и несимпатичной формѣ.

Какъ бы то ни было, главному герою романа, малень-

---

*) Русскій переводъ М. В. Веселовской, изд. „Посредника".

кому, болѣзненному Казиміру Бодэ, не легко дается ученіе и жизнь въ интернатѣ... Товарищи насмѣхаются надъ нимъ, дразнятъ его, мараютъ его платье, бьютъ его по длиннымъ, некрасивымъ ушамъ, такъ что начинается страшная боль, рисуютъ на стѣнахъ карикатуры, будто бы изображающія его, безжалостно расхищаютъ шоколадныя конфеты, присланныя ему любимою матерью и случайно разсыпанныя имъ по полу...

Съ другой стороны, начальство сразу не взлюбило тщедушнаго, робкаго, лишеннаго какихъ-либо «военныхъ» вкусовъ и способностей мальчика. Его на каждомъ шагу ставятъ въ уголъ, донимаютъ военной гимнастикой, которая ему совсѣмъ не дается, и утонченной дрессировкой, не знающей состраданія и жалости. Въ теченіе трехъ мѣсяцевъ его десять разъ запираютъ въ такъ называемую Salle de police. Вначалѣ онъ еще старается хорошо учиться и примѣрно вести себя; потомъ онъ перестаетъ стараться, видя, что это, все равно, ни къ чему не приводитъ. Начальство относится къ нему все хуже и хуже; иногда его запираютъ за мало важные проступки уже не въ Salle de police, а въ школьную «тюрьму»,—что-то въ родѣ темной и сырой ямы, гибельно вліяющей на его здоровье... Преслѣдованія выражаются и въ мелочахъ; Казиміръ носилъ при себѣ маленькій календарь, который былъ ему очень дорогъ,— одинъ изъ надзирателей находитъ и тотчасъ же конфискуетъ этотъ совершенно безвредный, повидимому, предметъ. Въ то же самое время товарищи продолжаютъ задирать мальчика, который доходитъ до того, что начинаетъ молить Бога, чтобы они прервали съ нимъ всякія сношенія, какъ они это дѣлали съ ворами и фискалами.

Когда въ училищѣ однажды обнаруживается покража, Казиміръ неожиданно заявляетъ, что это онъ сдѣлалъ. Онъ надѣется, что послѣ первой вспышки раздраженія

Трагедія дѣтской души.

и ярости, послѣ ругательствъ и побоевъ товарищи отвернутся отъ него, точно отъ зачумленнаго, и онъ будетъ предоставленъ самому себѣ. Къ сожалѣнію, въ это время выясняется, кто былъ настоящимъ виновникомъ кражи... Казиміръ необыкновенно доволенъ и счастливъ, когда какое-нибудь легкое нездоровье даетъ ему возможность поступить на нѣсколько дней въ лазаретъ, гдѣ онъ чувствуетъ себя временно огражденнымъ отъ рѣзкихъ окриковъ и угнетенія—съ одной стороны, отъ насмѣшекъ и издѣвательства—съ другой.

Слабые успѣхи забитаго и потерявшаго голову въ непривычной для него обстановкѣ мальчика окончательно возстановляютъ противъ него надзирателей, воспитателей и учителей. Однажды его вызываютъ въ кабинетъ генерала, стоящаго во главѣ училища, гдѣ ему приходится выслушивать отеческія наставленія, угрозы, напоминанія о томъ, что только изъ уваженія къ заслугамъ отца его еще терпятъ здѣсь. Въ одинъ прекрасный день его рѣшаютъ исключить и пишутъ объ этомъ его отцу. Зная, чѣмъ все это кончится, предвидя страшныя, мучительныя сцены, Казиміръ тайкомъ бѣжитъ изъ училища, куда глаза глядятъ, блуждаетъ безъ опредѣленной цѣли, раня себѣ ноги о кустарники, изнемогая отъ чрезмѣрнаго утомленія. Его находятъ только черезъ нѣсколько часовъ на берегу рѣки въ полу-безсознательномъ состояніи; онъ спустилъ ноги въ воду, очевидно желая простудиться и опасно заболѣть...

Тяжелое впечатлѣніе производитъ этотъ интересный, тепло написанный романъ, обрисовывающій внутренній бытъ французскихъ военныхъ училищъ, вмѣстѣ съ трогательной исторіей нравственныхъ терзаній и невзгодъ хилаго, боязливаго и болѣзненно-чуткаго мальчика, изъ котораго, во что бы то ни стало, хотѣли сдѣлать будущаго офицера...

Бѣднаго Poil de Carotte тоже отдаютъ въ какое-то закрытое заведеніе, съ тѣмъ чтобы сбыть его съ рукъ и сдѣлать его еще болѣе смирнымъ и послушнымъ. Здѣсь, въ общемъ, царитъ тотъ же духъ, что и въ другихъ интернатахъ, съ которыми мы имѣли до сихъ поръ случай познакомиться. Чѣмъ-то хорошо намъ извѣстнымъ вѣетъ, напримѣръ, отъ слѣдующей сцены: одинъ изъ надзирателей, Віолонъ, желая насолить Poil de Carotte, придирается къ тому, что у него будто бы грязныя руки, и велитъ ему пойти къ директору и заявить самому объ этомъ. Мальчикъ отправляется къ директору, но обращается къ нему съ такими словами:

— «Надзиратель прислалъ меня сказать вамъ, что у меня руки грязныя, но это неправда.

— «Какъ, неправда?! На четыре дня въ карцеръ, мой милый.

— «Надзиратель имѣетъ что-то противъ меня!

— «Ахъ, имѣетъ противъ тебя?! На восемь дней, мой милый!»

Но подобной муштровкой и длинною серіей всевозможныхъ наказаній недостатки этого учрежденія не ограничиваются. Тотъ же Віолонъ такъ явно дѣлаетъ различіе между красивыми, краснощекими мальчиками — и некрасивыми, что это, наконецъ, бросается въ глаза учащимся, а потомъ доходитъ и до начальства. Любопытно, что вся эта тайна раскрывается благодаря не кому иному, какъ Poil de Carotte, который, чтобы нѣсколько выгородить себя, разсказываетъ директору, въ очень наивной и неискусной формѣ, о своеобразныхъ вкусахъ Віолона и одного изъ учениковъ, по фамиліи Марсо. Надзиратель долженъ немедленно покинуть училище, при чемъ всячески старается придумать благовидное объясненіе для своего внезапнаго исчезновенія. По характерно, что подобнаго субъекта могли все же так долго держать въ школѣ!

Выше намъ приходилось уже указывать на то, какъ Жоржъ Роденбахъ изобразилъ въ одномъ изъ своихъ разсказовъ хорошо ему знакомый бытъ духовнаго коллэжа, гдѣ мѣсто христіанской любви, терпимости и гуманности занимали угрозы, запугиванья, мрачныя и потрясающія картины. Еще обстоятельнѣе, хотя, быть-можетъ, и не съ такимъ талантомъ, обрисованъ весь строй духовныхъ коллэжей, руководимыхъ іезуитами, въ романѣ Эд. Эстонье «Отпечатокъ», представляющемъ выдающійся интересъ, какъ яркій образчикъ бытового жанра, написанномъ къ тому же съ видимымъ знаніемъ дѣла, быть-можетъ, по личнымъ воспоминаніямъ. Эстонье изображаетъ жизнь учениковъ коллэжа, ихъ классныя занятія, общія молитвы, слушаніе проповѣдей, бесѣды съ заслуженными членами общины на религіозныя темы, торжественныя и полныя картинности службы, въ которыхъ они принимаютъ участіе, размышленія, экстазы, планы относительно будущаго.

Главный герой, Леонаръ, настолько увлеченъ всей этой обстановкой и тѣмъ, что ему приходится постоянно видѣть и слышать въ стѣнахъ коллэжа, что въ его умѣ зарождается планъ—отказаться отъ всякой дѣятельности, связанной съ грѣховнымъ и полнымъ соблазновъ міромъ, сдѣлаться тоже монахомъ, проповѣдникомъ или миссіонеромъ, совершить духовные подвиги... «Развѣ не былъ настоящимъ его домомъ этотъ коллэжъ, съ его стѣнами, вдоль которыхъ онъ такъ часто бродилъ, съ его коридорами, въ которыхъ царилъ покой Ѳиваиды и иногда чувствовалось благоуханіе куреній?.. Онъ никогда не испытывалъ счастья, которое не было бы связано съ ними. Ему не представлялось, чтобы онъ могъ когда-нибудь покинуть все это». Постепенно Леонаръ становится все болѣе и болѣе равнодушнымъ ко всему, что не связано съ коллэжемъ и тою дѣятельностью, которую онъ себѣ намѣтилъ. «Его склонность къ уединенію все возрастала. Онъ презиралъ не только весь міръ, свой домъ, но даже своихъ товарищей, все, что отзывалось молодостью, смѣлыми порывами. Мало-по-малу, всѣ его связи съ общимъ теченіемъ жизни разрушились,— даже его умъ какъ бы переродился. Онъ сталъ очень нетерпимымъ и съ гордостью излагалъ тѣ идеи, которыя казались ему новыми, хотя десять лѣтъ медленной подготовки привили ихъ его совѣсти... Онъ началъ сводить всю мораль къ отрицанію любви. Основаніе семьи стало ему казаться чѣмъ-то порочнымъ; все ненормальное было возведено въ законъ; все законное—предано анаѳемѣ».

Впослѣдствіи Леонаръ, путемъ долгихъ размышленій и мучительнаго внутренняго кризиса, приходитъ къ сознанію, что онъ непригоденъ для той дѣятельности, которая прежде казалась ему идеаломъ. Онъ порываетъ даже всѣ связи съ коллэжемъ и его руководителями, вдается въ противоположную крайность, утрачивая временно всякое религіозное чувство и бравируя этимъ. Но старая закваска продолжаетъ жить въ тайникахъ его души, и въ концѣ романа мы видимъ, какъ Леонаръ неожиданно снова поддается вліянію своихъ бывшихъ воспитателей, пріучившихъ его въ ученическіе годы къ абсолютному повиновенію и искуснымъ софизмамъ. Въ романѣ детально обрисованы всѣ недостатки іезуитской педагогіи, напримѣръ, поощреніе доносчиковъ, давленіе на совѣсть ученика, отмѣченъ также антагонизмъ между воспитанниками свѣтскихъ и духовныхъ школъ, которые при встрѣчѣ стараются выказать другъ другу свое взаимное недовѣріе или презрѣніе...

Нельзя въ заключеніе не упомянуть вскользь и о романѣ Эзе «Сынъ Авраама», не потому, чтобы это было особенно выдающееся произведеніе, а потому, что въ первыхъ главахъ его затронута еще одна сторона школьной жизни: распространеніе среди учениковъ національныхъ предубѣжденій и племенной исключительности, которыя мы уже отмѣчали за стѣнами школы, говоря о вліяніи дурного примѣра. Сынъ богатаго банкира, совершенно офранцуженнаго еврея, Маэль Ламберъ, учится въ лицеѣ Кондорсэ. Въ обыкновенное время онъ не можетъ пожаловаться на отношеніе къ нему товарищей, которые держатъ себя съ нимъ, какъ съ другими. Но вотъ начинается какая нибудь ссора или неизбѣжная въ мужскихъ учебныхъ заведеніяхъ потасовка; сейчасъ же кто-нибудь изъ товарищей бросаетъ ему въ лицо, въ порывѣ раздраженія: «жидъ!» И мальчикъ, возвращаясь домой, невольно задумывается надъ этой кличкой, и въ его душѣ въ такую раннюю пору уже накопляется озлобленіе и недовѣріе къ людямъ...

VIII.

«Сравнительно свободнымъ временемъ для Георга были его школьныя занятія», читаемъ мы въ разсказѣ «Два друга» Эмиля Марріота, гдѣ описывается судьба жалкаго, тщедушнаго, забитаго и вѣчно голодающаго мальчика. «Маленькіе товарищи, правда, неблагороднымъ и безжалостнымъ образомъ, какъ это всегда бываетъ по отношенію къ бѣднымъ калѣкамъ, смѣялись надъ его горбомъ. Но онъ съ дѣтства привыкъ къ этому. Въ школѣ все же ему было хорошо. Тамъ было всегда тепло, онъ читалъ, писалъ, долженъ былъ многому научиться... О славное время, продолжавшееся только одинъ годъ! Много разъ, когда пріемнаго отца не было дома, а его работа была исполнена, мальчикъ доставалъ книги, подаренныя ему учителемъ, и читалъ, читалъ съ благоговѣніемъ и восторгомъ. Всегда это происходило возлѣ цѣпной собаки, въ чьей конурѣ Георгъ пряталъ книги, такъ какъ его пріемный отецъ не долженъ былъ знать объ этомъ *безуміи*...»

Для бѣднаго пасынка судьбы кратковременное пребываніе въ школѣ было какъ бы отдохновеніемъ, отраднымъ интерваломъ среди тревожной, страдальческой жизни... И это—при постоянныхъ насмѣшкахъ, какими его осыпали, какъ говоритъ самъ авторъ, безжалостные товарищи, издѣвавшіеся надъ его физическимъ недостаткомъ!.. Для другихъ дѣтей, фигурирующихъ въ нѣмецкихъ романахъ, повѣстяхъ и пьесахъ, школьные годы иногда являются, наоборотъ, томительною и безотрадною порою, удручающимъ образомъ дѣйствующею на дѣтскую душу, послѣ сравнительно болѣе свѣтлыхъ и пріятныхъ впечатлѣній, связанныхъ съ родительскимъ домомъ. Характеристика школьнаго быта у нѣмецкихъ писателей, подобно аналогичнымъ картинкамъ съ натуры, попадающимся у Экара, Ренара, Поля Маргеритта и др., носитъ, въ общемъ, безусловно отрицательную окраску: они изображаютъ положеніе учащихся обыкновенно въ очень невыгодномъ и печальномъ свѣтѣ, приводя отдѣльные примѣры, иногда весьма краснорѣчивые, видимо, выхваченные изъ жизни... Герои этихъ писателей на зарѣ жизни должны нерѣдко выносить на себѣ всю тягость, какъ тѣхъ нежелательныхъ порядковъ, которые держатся въ томъ или другомъ учебномъ заведеніи, такъ и безсердечнаго отношенія товарищей, не пріученныхъ къ гуманному и участливому обращенію. Во многихъ случаяхъ нѣмецкіе беллетристы изображаютъ такую ситуацію: ребенокъ съ даровитою натурой и разносторонними запросами не находитъ въ стѣнахъ школы отклика своимъ мечтамъ и стремленіямъ, задыхается среди формализма и чисто внѣшняго отношенія педагоговъ къ дѣлу воспитанія, иногда доходитъ до полнаго отчаянія, особенно когда и въ семьѣ онъ не видитъ ничего, кромѣ запугиванія и вполнѣ практическаго, продиктованнаго разсчетомъ взгляда на ученіе. Подобный сюжетъ разработанъ, напримѣръ, въ очень тепло и правдиво написанномъ романѣ Эмиля Штрауса «Другъ Гейнъ». Это—исторія разочарованій и невзгодъ мальчика съ несомнѣнными музыкальными способностями, который тщетно добивается, чтобы ему позволили изучать прежде всего музыку, владѣющую всѣми его помыслами и мечтами, и долженъ вмѣсто этого заниматься чуждыми, несимпатичными ему предметами, готовясь въ средней школѣ къ какой-то особенной, важной дѣятельности, грезящейся его роднымъ, которые не могутъ понять его вкусовъ и запросовъ... Штраусъ обрисовываетъ душевное одиночество и нравственныя терзанія бѣднаго Генриха, принужденнаго, напримѣръ, заниматься безъ всякаго интереса математикой, просиживать цѣлые часы надъ логариѳмами и вычисленіями, сознавая, что у него нѣтъ вовсе способностей къ математическимъ наукамъ, чувствуя, что для его любимой музыки почти не остается свободнаго времени. Но не одна только математика удручающимъ образомъ дѣйствуетъ на душу молодого мечтателя: когда авторъ характеризуетъ, устами своихъ положительныхъ героевъ, всѣхъ педагоговъ дѣйствующихъ въ той школѣ, куда отдали Генриха,— почти всѣ они оказываются неспособными благотворно повліять на сколько-нибудь отзывчивыхъ, интересующихся учениковъ...

Одинъ изъ товарищей главнаго героя рѣзко, безпощадно оцѣниваетъ въ бесѣдѣ съ нимъ дѣятельность большинства педагоговъ, съ которыми имъ приходится имѣть дѣло. «Я уже не могу болѣе наслаждаться Гомеромъ,

Шиллеромъ и Гёте, мало того, они стали для меня предметомъ отвращенія... «Гомеръ—священная книга», кричитъ одинъ учитель въ филологическомъ экстазѣ—и окончательно убиваетъ его для меня своими грамматическими придирками... «Веймарскіе діоскуры... возвышенный Шиллеръ... всеобъемлющій Гёте!» они говорятъ это, но умѣютъ только отыскивать въ ихъ сочиненіяхъ лишнія стопы, зіянія, тропы, метафоры, поэтическія вольности или показываютъ, что ничего не понимаютъ въ трагизмѣ, задавая такія темы для сочиненія, какъ «Трагическая вина и возмездіе въ *Орлеанской дѣвѣ*». Товарищъ Генриха разсказываетъ ему далѣе, какъ онъ заинтересовался было одно время, по собственной иниціативѣ, философіей Платона и сталъ изучать ее, но тѣ лица, которыя должны были съ каѳедры объяснить ему значеніе греческаго философа, постепенно убили въ немъ всякій интересъ къ «божественному Платону», какъ они называли знаменитаго мыслителя, «преступно роясь своими выпачканными въ чернилахъ пальцами въ его золотыхъ сокровищахъ» и не желая проникнуть въ сущность его міросозерцанія...

Самъ Генрихъ, при его впечатлительной, чуткой натурѣ, съ еще большею тоскою и неудовлетворенностью переноситъ тотъ духъ, который царитъ въ школѣ. Онъ чувствуетъ, что въ этихъ стѣнахъ не только никто не пойметъ его музыкальныхъ вкусовъ и юношескихъ мечтаній, но и вообще ему не удастся получить настоящаго развитія и придется только рѣшать какія-нибудь уравненія и поглощать чисто схоластическую премудрость. Сознавая, что его мечты все равно никогда не сбудутся, что его судьба въ будущемъ сложится совершенно не такъ, какъ онъ хотѣлъ, Генрихъ лишаетъ себя жизни...

Очень сильное, трагическое впечатлѣніе производитъ

судьба другого неудачника, жертвы школьнаго режима и неумѣлаго обращенія съ дѣтскою душою, которую разсказываетъ Германъ Гессе въ своемъ романѣ «Подъ колесомъ». Гессе лишній разъ показываетъ, какъ происходитъ «гибель дѣтства», какъ подготовляются тѣ усталые, разочарованные, ко всему равнодушные люди, которыхъ намъ приходится видѣть на каждомъ шагу. Главный герой романа, Гансъ Гибенратъ, является настоящимъ мученикомъ по винѣ устарѣлыхъ педагогическихъ пріемовъ и утилитарнаго взгляда на образованіе...

Даже раньше того момента, когда онъ поступаетъ въ среднюю школу, онъ уже чувствуетъ переутомленіе, и душа его лишена свѣжести и бодрости. Буржуазная среда, къ которой онъ принадлежитъ, да и все почти населеніе маленькаго городка, затеряннаго среди шварцвальдскихъ горъ, возлагаетъ на мальчика необыкновенныя надежды. Его считаютъ одареннымъ исключительными способностями, рѣдкою любовью къ наукѣ, не по лѣтамъ развитымъ умомъ... Мѣстные педагоги отъ него въ восторгѣ и сулятъ ему блестящую будущность.

По установившемуся обычаю, наиболѣе выдающихся по ученію мальчиковъ изъ швабскихъ городковъ и мѣстечекъ ежегодно отправляютъ въ Штутгартъ на такъ называемый Landexamen,—конкурсное испытаніе, выдержавъ которое съ отличіемъ, ученики мѣстныхъ школъ могутъ далѣе воспитываться на казенный счетъ, главнымъ образомъ—въ спеціальной семинаріи, готовящей будущихъ учителей и пасторовъ. Выдержать однимъ изъ первыхъ это испытаніе и быть принятымъ на казенный счетъ въ семинарію представляется необыкновеннымъ счастьемъ всѣмъ обывателямъ городка, гдѣ явился на свѣтъ Гансъ Гибенратъ... Въ ту пору, о которой разсказывается въ началѣ романа, единственнымъ кандидатомъ, какого мѣстное общество можетъ отправить въ Штутгартъ, является Гансъ; именно на него возлагаются всѣ надежды, и всѣ увѣрены, что онъ «не посрамитъ родины», выйдетъ съ честью изъ состязанія съ конкурентами.

Гессе съ грустной ироніей изображаетъ старанія отнюдь не дурныхъ, по-своему искренно желающихъ Гансу добра людей, которые готовы жертвовать своимъ временемъ и трудомъ, чтобы сообщить ему больше знаній, принимаютъ къ сердцу его судьбу, какъ если бы онъ былъ имъ родной, — и въ то же время губятъ его здоровье, расшатываютъ его нервы, отравляютъ ему жизнь. Тяжелое впечатлѣніе производитъ описаніе того, какъ проводитъ послѣдніе мѣсяцы передъ отъѣздомъ въ Штутгартъ несчастный мальчикъ, у котораго не остается свободной минуты, когда онъ могъ бы себѣ принадлежать.

«Къ занятіямъ въ школѣ, которыя продолжались ежедневно до четырехъ часовъ, прибавлялись еще дополнительные уроки по греческому языку, которые давалъ ему ректоръ; затѣмъ въ шесть часовъ вечера городской священникъ любезно вызвался ежедневно репетировать его по латыни и закону Божію, а два раза въ недѣлю послѣ ужина назначены были еще занятія по математикѣ съ учителемъ. При изученіи греческаго языка главное вниманіе обращалось, наравнѣ съ неправильными глаголами, на разнообразные способы соединенія предложеній при помощи союзовъ; по латыни требовалось писать легко и сжато, а также знать всѣ просодическія тонкости; при прохожденіи математики отдавалось предпочтеніе задачамъ съ очень сложными вычисленіями... Учитель неоднократно указывалъ на то, что эти задачи, повидимому, не имѣютъ никакого значенія для дальнѣйшихъ занятій и для жизни, но именно только *повидимому*: въ дѣйствительности же онѣ очень важны, пожалуй, важнѣе многихъ основныхъ знаній, такъ какъ онѣ развиваютъ логическія способности и являются какъ бы фундаментомъ для яснаго, трезваго и плодотворнаго мышленія!..»

Даже позднiе вечернiе часы не пропадаютъ для Ганса даромъ: для нихъ оставляются письменныя работы, повтореніе пройденнаго, выучиваніе наизусть, при чемъ иногда эти занятія продолжаются до 11 — 12 часовъ ночи... «Отецъ Ганса немного ворчалъ, правда, по поводу неумѣренной траты керосина, но все же относился къ этимъ занятіямъ съ благосклонностью и гордился ими». Для отдѣльныхъ «праздныхъ» часовъ, а также для воскресныхъ дней, какъ образующихъ седьмую часть нашей жизни, настойчиво рекомендовалось изученіе непрочитанныхъ въ школѣ авторовъ и повтореніе грамматики. «Разумѣется, нужно соблюдать мѣру», говорилось при этомъ. «Погулять одинъ или два раза въ недѣлю необходимо, это даетъ чудесные результаты! Если погода хорошая, то *можно взять съ собою книгу*; ты увидишь, какъ легко и пріятно заниматься на воздухѣ...»

Такимъ образомъ даже необыкновенно рѣдкія прогулки мальчикъ начинаетъ употреблять для учебныхъ цѣлей, никогда не выходя изъ дому безъ книги подъ мышкою... Его ревностные наставники, въ своемъ ослѣпленіи, восторгаются тѣмъ, что его лицо получаетъ одухотворенное выраженіе; но эта «одухотворенность» на дѣлѣ сводится къ страшному малокровію, худобѣ, синимъ кругамъ подъ глазами, какой-то прозрачности всего лица. Всѣ эти симптомы никому не представляются тревожными; напротивъ, всѣмъ кажется, что они только свидѣтельствуютъ о необычайномъ рвеніи мальчика и его беззавѣтномъ увлеченіи научными предметами! Только наканунѣ экзамена Гансу разрѣшаютъ немного отдохнуть,—правда, только вечеромъ,—и погулять, не взявъ съ собою книгъ: вѣдь ему нужно на другой день встать съ свѣжей головой!..

Очень трогательны тѣ страницы, которыя посвящены въ романѣ описанію меланхолической прогулки переутомленнаго мальчика. Онъ обходитъ мѣста, съ которыми были для него связаны отрадныя воспоминанія, и испытываетъ такое ощущеніе, какъ будто все это было очень, очень давно. Вотъ рѣка, на которой онъ когда-то удилъ рыбу; это было его любимое занятіе, скрашивавшее ему годы ученія въ мѣстной школѣ; было время, когда никто ему не мѣшалъ сидѣть въ свободные часы на берегу рѣки, съ удочкой въ рукахъ; потомъ это было признано нежелательнымъ, такъ какъ нужно было готовиться къ экзамену!.. Мальчикъ горько плакалъ, но долженъ былъ покориться... Та же участь постигла катаніе на лодкѣ, плаваніе, ѣзду на плотѣ внизъ по теченію,—все то, что доставляло ему столько удовольствія и укрѣпляло его физически...

Потомъ онъ идетъ въ садъ при ихъ домѣ, куда также ему рѣдко приходилось заглядывать за послѣднее время. Тамъ онъ видитъ что-то въ родѣ маленькой, игрушечной водяной мельницы, устроенной имъ вмѣстѣ съ товарищемъ, давно ставшей непригодною. Онъ молча разламываетъ послѣдніе остатки этого сооруженія: вѣдь въ немъ нѣтъ нужды—и потомъ это было такъ давно... Тутъ же рядомъ находится помѣщеніе для кроликовъ въ видѣ небольшого стойла, устроеннаго имъ самимъ; тамъ помѣщались въ теченіе трехъ лѣтъ его любимые кролики, потомъ ихъ у него отобрали, ссылаясь на то что теперь не время думать о развлеченіяхъ... При видѣ этихъ обломковъ прошлаго Гансомъ овладѣваетъ тоска одно мгновеніе онъ чувствуетъ желаніе «броситься на землю и заревѣть»; потомъ онъ схватываетъ топоръ и съ какимъ-то тупымъ отчаяніемъ принимается рубить все то, что самъ же строилъ, точно желая изгладить и уничтожить всѣ слѣды того, что когда-то было, и вырвать изъ души воспоминаніе о такой порѣ, которая все равно миновала безвозвратно... На вопросъ удивленнаго отца, что онъ тамъ рубитъ, Гансъ отвѣчаетъ, заглушая свою тоску: «Дрова!»

Съ перваго взгляда можно подумать, что это пожившій, разочарованный человѣкъ прощается съ давно промелькнувшими годами молодости; между тѣмъ передъ нами мальчикъ, которому еще играть и рѣзвиться нужно, тогда какъ изъ него искусственно дѣлаютъ какое-то исключительное существо, будто бы не по лѣтамъ развитое и стоящее выше общечеловѣческихъ или общедѣтскихъ слабостей и увлеченій... Вся *трагедія переутомленія* выражена въ этой простой, но необыкновенно правдивой и трогательной сценѣ.

Въ тѣхъ главахъ, гдѣ описывается пребываніе Ганса въ семинаріи, также много интереснаго и потрясающаго. Онъ поступаетъ туда, сопровождаемый напутствіями отца и педагоговъ, которые доказываютъ ему, что онъ долженъ тамъ отличиться, оправдать ожиданія, быть всегда первымъ... Почему собственно на него возлагается такая обязанность, онъ никогда не могъ понять, да никто и не пытался ему этого объяснить. Результаты получаются неожиданные: Гансъ начинаетъ чувствовать, что ученіе дается ему нелегко, голова его работаетъ плохо и часто болитъ; нѣтъ у него и прежняго интереса къ занятіямъ. Вначалѣ преподаватели имъ очень довольны, потомъ ихъ отношеніе къ нему мѣняется, такъ какъ они находятъ, что онъ идетъ назадъ,—видимо, портится!

«Никто не видѣлъ за этою безпомощною улыбкой на

лицѣ мальчика гибели дѣтской души, которая словно утопала и съ тревогою, съ отчаяніемъ оглядывалась по сторонамъ. Никто не думалъ о томъ, что именно школа да варварское честолюбіе отца и нѣкоторыхъ учителей довели это хрупкое существо до такого состоянія, безцеремонно обращаясь съ довѣрчиво раскрытою передъ нами душою нѣжнаго ребенка». Переутомленіе окончательно вступаетъ въ свои права и незамѣтно приводитъ къ нервной болѣзни; Гансъ задумывается, груститъ, едва можетъ собраться съ мыслями, утрачиваетъ интересъ ко всему. Всѣ эти симптомы получаютъ такой тревожный характеръ, что является потребность въ медицинской помощи, а затѣмъ приходится отправить Ганса къ отцу, такъ какъ врачи начинаютъ опасаться, какъ бы съ нимъ не сдѣлалась пляска св. Витта...

Такъ кончаются долголѣтнія попытки сдѣлать Ганса Гибенрата свѣтиломъ науки, выдающимся педагогомъ, украшеніемъ роднаго городка... Вернувшись на родину и нѣсколько оправившись отъ своего болѣзненнаго состоянія, онъ уже не въ силахъ продолжать свои занятія; приходится искать самой прозаической, не говорящей ни уму, ни сердцу работы, для которой достаточно было бы пройти курсъ низшей школы. Но и для такой чисто физической работы Гансъ оказывается не вполнѣ пригоднымъ; ему не хватаетъ силъ и здоровья; удѣлъ типичнаго неудачника—вотъ что выпадаетъ ему теперь на долю и доводитъ его до глубокаго отчаянія!

Въ концѣ романа тѣло юноши находятъ въ рѣкѣ, прибитымъ къ берегу; никто не знаетъ, упалъ ли онъ туда по неосторожности или бросился сознательно... Даже эта трагическая развязка ничего не объяснила его отцу, который, идя за гробомъ, недоумѣваетъ, какъ все это могло случиться, почему изъ Ганса ничего не вышло при его блестящихъ способностяхъ и прилежаніи... И только простой, необразованный сапожникъ, любившій Ганса, знавшій его еще ребенкомъ, ближе всѣхъ подходитъ къ истинѣ, когда говоритъ, указывая Гибенрату-отцу на группу учителей въ черныхъ сюртукахъ, чинно расходящихся съ кладбища: «Вотъ эти господа тоже посодѣйствовали съ своей стороны тому, что все это именно такъ случилось...»

Чтобы покончить съ романомъ Германа Гессе, общій духъ котораго уже достаточно выяснился, намъ остается сказать нѣсколько словъ о томъ учебномъ заведеніи куда такъ стремился когда-то герой романа. Протестантская семинарія, пріютившаяся въ стѣнахъ бывшаго католическаго монастыря, является, въ изображеніи автора, лишнимъ оплотомъ буквоѣдства и рутины. Одинъ изъ болѣе развитыхъ, независимыхъ, неизмѣнно протестующихъ и поэтому находящихся на дурномъ счету учениковъ въ одномъ случаѣ очень рѣзко отзывается обо всей системѣ преподаванія въ семинаріи.

— «Мы читаемъ Гомера совершенно такъ, какъ если бы Одиссея была какою-нибудь поваренною книгою. Два стиха прочитывается за весь часъ, а затѣмъ они пережевываются, разбираются слово за слово, пока намъ не становится прямо противно. Въ концѣ урока однако всякій разъ провозглашается: вы видите, какъ тонко выразился здѣсь поэтъ, вы теперь проникли въ самую тайну его художественнаго творчества!.. Все это преподносится намъ только въ видѣ соуса къ частицамъ и аористамъ, чтобы не задохнуться совершенно. Такимъ образомъ можно у насъ похитить настоящаго Гомера... И вообще, какое намъ дѣло до всей этой древне-греческой жизни? Если бы кто-нибудь изъ насъ попробовалъ хоть немножко пожить на древне-греческій ладъ, онъ былъ бы тотчасъ же исключенъ изъ семинаріи».

Что касается отношенія учебной администраціи и

большинства учителей къ молодежи, то оно всецѣло проникнуто духомъ формализма и чисто внѣшней дисциплины. По старому рецепту ученики дѣлятся на благонравныхъ, примѣрныхъ и «вредныхъ», «опасныхъ», способныхъ деморализовать классъ. Процвѣтаетъ карцеръ, считающійся однимъ изъ самыхъ дѣйствительныхъ средствъ исправленія и вразумленія учениковъ. Мальчикъ, подвергшійся тому или другому серьезному наказанію, становится въ классѣ и вообще во всемъ интернатѣ на положеніе какого-то зачумленнаго, съ которымъ никто изъ товарищей не долженъ разговаривать... Въ иныхъ случаяхъ весьма охотно выслушиваются доносы, съ цѣлью узнать что-нибудь интересное относительно «скомпрометированныхъ» учениковъ,—изъ числа наиболѣе интеллигентныхъ и независимыхъ.

«Ничего вообще педагоги такъ не боятся,—говоритъ авторъ,—какъ всякихъ своеобразныхъ явленій, которыя сказываются у рано развившихся мальчиковъ въ опасную и безъ того пору начинающагося юношескаго броженія. Между талантливыми натурами и учительскимъ цехомъ тѣмъ болѣе лежитъ съ давнихъ поръ глубокая пропасть, и всѣ учащіеся этой категоріи внушаютъ учителямъ только ужасъ! Они ихъ отождествляютъ съ тѣми мальчиками, которые относятся къ нимъ безъ всякаго почтенія, въ четырнадцать лѣтъ начинаютъ курить, въ пятнадцать влюбляются, въ шестнадцать ходятъ уже по трактирамъ, которые читаютъ «запрещенныя» книги, пишутъ дерзкія сочиненія, при случаѣ вызывающимъ образомъ взглядываютъ на учителя и фигурируютъ въ кондуитномъ спискѣ какъ «мятежники» и кандидаты въ карцеръ. Иной педагогъ предпочитаетъ имѣть въ своемъ классѣ десять явныхъ ословъ, чѣмъ одного талантливаго ученика,—и, въ сущности, онъ правъ, такъ какъ его обязанность состоитъ не въ томъ, чтобы вырабатывать оригинальные умы, а въ томъ, чтобы подготовлять хорошихъ латинистовъ, математиковъ и добропорядочныхъ людей... Во всѣхъ школахъ повторяется борьба между закономъ и духомъ; государство и школа выбиваются изъ силъ, чтобы заглушить отдѣльные болѣе глубокіе и цѣнные умы, ежегодно показывающіеся на поверхности школьнаго міра. Но постоянно обнаруживается, что именно тѣ ученики, которыхъ учителя ненавидятъ, которые часто подвергаются наказанію, бѣгутъ изъ школы или исключаются начальствомъ, впослѣдствіи обогащаютъ духовную сокровищницу своего народа...»

Героиня уже знакомаго намъ романа Гедв. Домъ, Марлена, подобно маленькому Георгу изъ разсказа Марріота, испытываетъ нѣкоторое облегченіе и отраду въ стѣнахъ школы, потому что можетъ тамъ хоть на время забывать о тяжелыхъ, томительныхъ впечатлѣніяхъ, связанныхъ съ родительскимъ домомъ. Недаромъ она сама просилась, еще совсѣмъ маленькою дѣвочкою, въ какой-нибудь пансіонъ, что вызвало со стороны матери и братьевъ только насмѣшки и предположенія, что «дѣвчонка, видно, совсѣмъ съ ума сошла». Когда, наконецъ, ее все же отдаютъ въ школу, она въ противоположность другимъ дѣвочкамъ искренно радуется этому, прежде всего — какъ перемѣнѣ обстановки и среды. Но не нужно думать, чтобы въ школѣ Марлену не ожидали также непріятности и разочарованія. Авторъ разскажетъ намъ, отъ имени своей героини, объ отдѣльныхъ учителяхъ, принадлежащихъ къ категоріи неисправимыхъ донъ-жуановъ, несмотря на свой внушительный возрастъ, позволяющихъ себѣ большую фамильярность въ обращеніи съ ученицами, пошлые комплименты или даже болѣе опредѣленное и развязное ухаживаніе.

О внимательномъ, сердечномъ отношеніи къ судьбѣ

и ощущеніямъ учащихся въ этой женской школѣ также мало думаютъ, какъ и въ той гимназіи, гдѣ учился герой Штрауса. Однажды директоръ, принадлежащій вмѣстѣ съ тѣмъ къ преподавателямъ, нарочно спрашиваетъ ученицъ, кто изъ нихъ читалъ «Парижскія тайны» Эжена Сю,—книгу въ то время очень популярную у нѣмецкой читающей публики. Никто не откликается, кромѣ Марлены, которая громогласно заявляетъ, что читала эту книгу... И дѣйствительно, лишенная правильнаго воспитанія и руководства въ дѣлѣ выбора книгъ для ученія, дѣвочка, найдя случайно романъ Сю, которымъ зачитывалась ея мать, накинулась на него, прочла его отъ доски до доски и пришла въ восторгъ. За это откровенное признаніе она должна понести кару: ей приказываютъ явиться послѣ уроковъ въ актовую залу, и тутъ она получаетъ суровый выговоръ, слышитъ негодующія слова директора... «Я узнала, что замарала свою душу тяжелымъ, почти непоправимымъ проступкомъ, и что только милость Бога могла снова очистить ее. Директоръ сказалъ, что скорѣе отрубилъ бы себѣ обѣ руки, чѣмъ далъ бы ребенку такое позорное произведеніе. Въ отвѣтъ я только плакала и всхлипывала, но должна сознаться, не испытывала особеннаго раскаянія и не исправилась... Конечно, такія книги какъ нельзя менѣе подходятъ къ уровню пониманія дѣтей, но вѣдь я же невиновата была въ томъ, что никто не заботился о моемъ воспитаніи...» Вся эта исторія имѣетъ результатомъ лишь тотъ фактъ, что Марлена привыкаетъ съ этихъ поръ къ бо́льшей скрытности и осторожности и, когда ей снова удается прочесть какую-то вещь Эжена Сю, она уже держитъ, конечно, свою тайну про себя!..

Въ другой разъ учитель исторіи случайно перехватываетъ во время урока полудѣтское письмо, начатое Марленою и обращенное къ какому-то гимназисту. Это письмо, которое могло быть неумѣстно и нежелательно, но, конечно, не заключало въ себѣ ничего опаснаго для нравственности, такъ какъ дѣвочка въ эту пору многаго даже еще не понимала, становится поводомъ къ цѣлой исторіи, истолковывается совершенно превратно. «Моя папка была подвергнута тщательному осмотру, чтобы обнаружить, нѣтъ ли тамъ другихъ такихъ же позорныхъ вещей. Найдены были, кромѣ яблока, еще только переписанные мною стихи Гёте: «Лишь тотъ, кто зналъ тоску, пойметъ, какъ я страдаю...» Съ возгласомъ «ага!» этотъ листокъ былъ конфискованъ... Странно сказать, но это—чистая правда: учитель принялъ меня за автора этихъ стиховъ, а «тоску» отнесъ къ тому лицу, кому я писала письмо... Почему онъ захватилъ съ собою также и яблоко, я не знаю... Опять я должна была явиться въ актовую залу и выслушать громовую рѣчь о моей испорченности въ такомъ раннемъ возрастѣ, при чемъ учитель приписывалъ мнѣ такія мысли и чувства, какихъ во мнѣ не было даже въ самой слабой степени... *Ахъ, эти палачи дѣтской души...*»

Иные беллетристы изображаютъ судьбу дѣтей, страдающихъ въ тѣхъ или другихъ германскихъ учебныхъ заведеніяхъ одновременно — отъ режима, который тамъ господствуетъ, и отъ жестокаго обращенія товарищей или подругъ, зачастую вымещающихъ на болѣе слабыхъ и беззащитныхъ дѣтяхъ свои собственныя невзгоды и злоключенія. Трогательная и потрясающая, несмотря на простоту фабулы, повѣсть Поля Маргеритта «Дѣтская душа» невольно вспоминается намъ, когда мы читаемъ «кадетскую трагедію», какъ назвалъ ту книгу, о которой у насъ сейчасъ будетъ итти рѣчь, одинъ изъ ея критиковъ: «Молодые спартанцы» Пауля Щепанскаго. Это повѣсть въ письмахъ; всѣхъ ихъ двѣнадцать; они якобы написаны двѣнадцатилѣтнимъ кадетомъ, разлученнымъ съ матерью, вдовою полковника, и три раза въ мѣсяцъ сообщающимъ ей различныя свѣдѣнія о своемъ житьѣ-бытьѣ. Изъ этихъ откровенныхъ писемъ мы узнаемъ много интереснаго, иногда глубоко печальнаго о томъ духѣ, который царитъ въ стѣнахъ корпуса, о постановкѣ воспитательнаго дѣла, о взаимныхъ отношеніяхъ товарищей. Въ повѣсти Щепанскаго есть очень трогательныя страницы, и развязка ея производитъ сильное впечатлѣніе. Къ письмамъ маленькаго кадета приложено еще одно письмо, принадлежащее уже перу одного изъ начальствующихъ лицъ въ корпусѣ и сообщающее матери бѣднаго Гергарта, что ея сынъ, единственное утѣшеніе и отрада ея сумрачной жизни, умеръ отъ несчастнаго случая, виновниками котораго были его товарищи, склонные къ грубымъ, иногда безчеловѣчнымъ шалостямъ и продѣлкамъ.

С. Люблинскій въ разсказѣ «Шутъ всего класса» описываетъ мученія слабаго, мечтательнаго, тонко чувствующаго мальчика въ кругу товарищей, которые надъ нимъ потѣшаются, превращаютъ его въ своего шута или жертву, стремятся подавить его индивидуальность и косвенно доводятъ его до самоубійства... Вильденбрухъ въ одномъ изъ своихъ разсказовъ выводитъ, подобно этому, мальчика, тоскующаго по своей матери, чувствующаго себя одинокимъ среди чуждыхъ и несимпатичныхъ ему товарищей, становящагося мишенью ихъ насмѣшекъ и оскорбленій, при чемъ они объявляютъ его «маменькинымъ сынкомъ» и, вмѣсто того, чтобы называть его по имени, даютъ ему кличку «мопсъ».

Въ романѣ Отто Эрнста «Asmus Sempers Jugendland», имѣвшемъ крупный, выдающійся успѣхъ въ Германіи, выведенъ, между прочимъ, невѣжественный педагогъ Рёзингъ, который вдобавокъ отнюдь не отличается безпристрастіемъ, имѣетъ своихъ особыхъ любимцевъ и приближенныхъ, которымъ разрѣшается дѣлать то, что запрещено другимъ. Та школа, которую описываетъ авторъ, подобно многимъ другимъ захолустнымъ школамъ, находится въ извѣстной зависимости отъ вліятельныхъ членовъ мѣстнаго общества, у которыхъ считается необходимымъ заискивать, такъ какъ это—нужные люди, безъ чьей поддержки училище не можетъ обойтись... Сыновья этихъ «именитыхъ гражданъ» образуютъ въ классѣ своеобразную опричнину, терроризируя другихъ учениковъ; авторъ иронически называетъ ихъ преторіанцами и «стрѣльцами» (Strelitzen), очевидно, не вполнѣ ясно представляя себѣ роль стрѣльцовъ въ старой московской жизни...

«На первомъ мѣстѣ сидѣли ученики, которыхъ Рёзингъ боялся или родители которыхъ могли ему повредить. Разъ случилось, что одинъ рослый мальчикъ, котораго онъ хотѣлъ ударить, вырвалъ у него палку и вступилъ съ нимъ въ рукопашную; съ этого дня онъ сталъ относиться ко всѣмъ ученикамъ этого рода съ почтеніемъ и любовью... На первыхъ лавкахъ сидѣли, по большей части, здоровенные малые, съ рѣшительнымъ выраженіемъ лица; тамъ ихъ было довольно много, такъ какъ мѣстная молодежь тогда была болѣе развита физически, чѣмъ умственно... Въ виду того, что Рёзингъ не предъявлялъ къ этой «гвардіи» никакихъ требованій, избавлялъ ее даже отъ катехизиса, ея члены относились къ нему съ извѣстною терпимостью. Они вообще не принимали его въ серьезъ; какъ только онъ поворачивалъ имъ спину, они прикрѣпляли маленькихъ бумажныхъ змѣевъ къ пуговицамъ его сюртука или вытаскивали изъ его кармана носовой платокъ съ цвѣточками, вытирали о него свои перья, вслѣдствіе чего учитель потомъ ходилъ съ чернымъ носомъ; но, въ общемъ, они относились къ ному благосклонно. Зато по отношенію къ болѣе слабымъ своимъ товарищамъ «стрѣльцы» пользовались неограниченною властью...»

Эта «неограниченная власть», не встрѣчавшая никакого противодѣйствія со стороны запуганнаго развязными «стрѣльцами» учителя, причиняетъ много горя герою романа, бѣдному Асмусу, на котораго, въ виду его сравнительной физической слабости, обрушиваются особенныя преслѣдованія и безжалостныя истязанія, рѣшительно ничѣмъ не заслуженныя... Если бы у него были крѣпкіе, сильные кулаки, если бы онъ былъ въ состояніи давать сдачи каждому обидчику, его положеніе было бы, конечно, совершенно другое; но онъ слабъ, малъ ростомъ, недостаточно ловокъ,—и ему суждено долгое время страдать отъ жестокости группы «преторіанцевъ»...

То, что Отто Эрнстъ разсказываетъ о травлѣ, жертвою которой становится Земперъ, нѣсколько напоминаетъ опять набросанную, правда, съ бо́льшимъ талантомъ и неподдѣльнымъ негодованіемъ картину такихъ же истязаній въ «Дѣтской душѣ» Маргеритта. Въ подобныхъ случаяхъ особенно ясно чувствуется вся безплодность современнаго школьнаго надзора, который приноситъ столько непріятностей и неудобствъ учащимся, въ значительной степени лишаетъ ихъ самостоятельности, возводитъ недовѣріе къ нимъ въ систему—и нерѣдко отсутствуетъ, именно въ тѣхъ случаяхъ, когда въ немъ была бы нужда, въ смыслѣ защиты слабыхъ отъ жестокаго обращенія болѣе сильныхъ...

«Они нарочно толкали его, такъ что онъ падалъ, а когда онъ поднимался, съ негодованіемъ кричали, что это онъ ихъ толкнулъ; они дергали его за волосы, кололи его незамѣтно стальными перьями, а когда онъ оглядывался, дѣлали самыя невинныя лица. Они безпощадно разбирали его скромный костюмъ, оцѣнивали его отвѣты во время урока и называли его невѣроятнымъ дуракомъ... Они вышибали у него, когда онъ ѣлъ, куски хлѣба изъ рукъ,—какъ будто бы нечаянно,—или посыпали ихъ пескомъ и землею... Когда Асмусъ просыпался утромъ, зная, что ему нужно итти въ школу, онъ испытывалъ такое ощущеніе, какъ если бы кто-нибудь ударилъ его грубымъ кулакомъ прямо въ сердце или сжалъ его крѣпко своими пальцами... Онъ шелъ окольнымъ путемъ, чтобы никого не встрѣтить, и старался войти въ классъ въ самую послѣднюю минуту, почти что вмѣстѣ съ учителемъ. По окончаніи уроковъ онъ ждалъ, пока всѣ уйдутъ, чтобы пойти домой одному; но они поджидали его и шли затѣмъ вмѣстѣ съ нимъ. Тогда онъ попробовалъ выходить первымъ и быстро скрываться; но они бѣжали за нимъ и перегоняли его, такъ какъ онъ носилъ деревянные башмаки... Онъ попробовалъ сослаться на простуду, чтобы имѣть возможность оставаться въ комнатѣ во время перемѣны, но «стрѣльцы» заявили Рёзингу, что Земперъ не простуженъ, а просто хочетъ торчать въ комнатѣ; тогда Рёзингъ выгналъ его наружу. Если онъ иногда все же оставался внутри, то они нарочно возвращались и мучили его въ четырехъ стѣнахъ, что было еще хуже, чѣмъ подъ открытомъ небомъ...»

Героиня разсказа «Мама уѣхала» Эмиля Марріота, о которомъ у насъ уже шла рѣчь, впечатлительная, нервная Этти терпитъ немало обидъ и оскорбительныхъ замѣчаній отъ своихъ подругъ по классу, которыя корятъ ее поведеніемъ матери, отзываются о послѣдней грубо, насмѣшливо или презрительно, вторгаются въ частную жизнь, причиняя дѣвочкѣ новыя страданія. «Всего хуже она чувствовала себя въ школѣ. Тамъ тоже узнали о ея несчастьѣ. Дѣвочки слышали объ этомъ у себя дома и съ безпощадностью, свойственною ихъ возрасту, стали приставать къ Этти: «Ну, хорошая у тебя мама, нечего сказать! Я не хотѣла бы такую имѣть. Какъ же твой отецъ отнесся ко всей этой исторіи?» Другія, любопытныя, безцеремонныя, разспрашивали: «А что, новый мужъ твоей мамы красивъ? Знаешь ты его? Онъ, вѣроятно, приходилъ къ вамъ въ домъ? Развѣ ты ничего не замѣчала? *Можетъ-быть, они цѣловались?..*» Одна дѣвочка, очень набожная и придерживавшаяся строгихъ правилъ, сказала ей: «Твоя мать нарушила супружескій обѣтъ и попадетъ за это въ адъ». Это было ужасно!.. Однажды утромъ отецъ нашелъ дѣвочку, лежащею на постели и плачущею. Она уже одѣлась, чтобы итти въ школу; сумка съ книгами лежала возлѣ нея.

— «Что это значитъ? Отчего ты лежишь и плачешь?

— «Папа, я не могу больше ходить въ школу, не могу! Онѣ такъ меня мучатъ!

— «Кто тебя мучитъ?

— «Дѣвочки... онѣ постоянно говорятъ о... о мамѣ, разспрашиваютъ меня, а я не могу этого слушать! Это ужасно, папа!»

Всѣ подобные факты, съ одной стороны, свидѣтельствуютъ, конечно, о грубости и жестокости учащихся, взятыхъ въ цѣломъ, но вмѣстѣ съ тѣмъ указываютъ и на отсутствіе благотворнаго, разумнаго вліянія въ семьѣ и школѣ, которое могло бы хоть нѣсколько парализовать эти вспышки безчеловѣчныхъ, злобныхъ и низменныхъ инстинктовъ.

Не касаясь нѣкоторыхъ другихъ романовъ и повѣстей, гдѣ изображаются взаимныя отношенія единичнаго ученика и цѣлаго класса, или даже всего учебнаго заведенія, мы должны упомянуть въ заключеніе о той категоріи нѣмецкихъ романовъ, которая изображаетъ между прочимъ проявленія національной исключительности и племенной розни въ школѣ, выражающіяся, напримѣръ, въ преслѣдованіи или полномъ игнорированіи учениковъ-евреевъ ихъ же собственными товарищами. Такъ въ романѣ «Агасферъ» Роберта Яффе на мальчика-еврея, возвращающагося домой съ урока гимнастики, нападаетъ толпа другихъ учениковъ, которые съ крикомъ: «Бейте жида.—«Haut den Juden! haut den Juden!» начинаютъ безъ всякой причины его бить, какъ попало, даже по лицу, такъ что онъ прибѣгаетъ къ отцу въ слезахъ, избитый, запуганный—подобно герою романа «Сынъ Авраама»—не вполнѣ понимая, за что его терзаютъ... Сходныя ощущенія выноситъ въ дѣтствѣ главный герой романа Фрица Маутнера «Новый Агасферъ», Генрихъ Вольфъ, воспитывающійся въ духовной школѣ, среди товарищей католиковъ, въ глубинѣ души жаждущій общенія съ ними, но словно отдѣленный отъ нихъ цѣлою пропастью и, вмѣстѣ съ тѣмъ, встрѣчающій только холодное, безучастное, сдержанное или пренебрежительное отношеніе со стороны патеровъ, завѣдующихъ преподаваніемъ въ школѣ и видящихъ въ немъ представителя другого чуждаго міра!..

Если мы обратимся къ роману «Когда же настанетъ день» Пауля Михаэли, мы увидимъ, что его героиня, еврейка Ильза Штейнбрюкъ, даровитая и любознательная дѣвушка, находясь въ средней школѣ, съ одной стороны, пользуется, правда, извѣстнымъ авторитетомъ, какъ хорошая ученица, прекрасно знающая, въ частности, математику, охотно помогающая подругамъ въ ихъ работахъ,—но никакъ не можетъ тѣснѣе сблизиться съ ними, такъ какъ всѣ ея чуждаются изъ-за ея происхожденія. Никто не хочетъ даже притти къ ней въ гости, и когда она вначалѣ, не понимая положенія вещей, усиленно приглашаетъ къ себѣ нѣкоторыхъ дѣвочекъ, отвѣтъ получается всегда отрицательный, хотя бы и облеченный въ болѣе или менѣе благовидную форму...

Подобные факты не нуждаются въ комментаріяхъ; они проливаютъ свѣтъ еще на одну сторону школьнаго быта, лишній разъ показывая, сколько найдется повсюду работы для тѣхъ гуманныхъ и разумно смотрящихъ на дѣло педагоговъ, которые пожелаютъ взять на себя борьбу съ грубыми, жестокими и нетерпимыми инстинктами учащихся и содѣйствовать усвоенію ими болѣе мягкихъ, человѣчныхъ и широкихъ взглядовъ!

IX.

Въ сатирическомъ романѣ «Улица любви» (La rue Amoureuse) Мориса Бобура главный герой, Гутезибло, принужденный отправиться въ изгнаніе по волѣ своихъ ограниченныхъ, полныхъ фанатизма и фарисейства согражданъ, поручаетъ заботамъ своей любимой подруги и единомышленницы близкаго его сердцу деревенскаго мальчика, котораго онъ когда-то усыновилъ и воспиталъ, какъ своего ребенка, стараясь передать ему свои взгляды и стремленія. «Сдѣлай его свободнымъ человѣкомъ,—говоритъ онъ между прочимъ,—какимъ бы я самъ сдѣлалъ его, если бы могъ остаться здѣсь... Пусть онъ всегда боится только одного: быть самому недовольнымъ своими поступками». Эти слова—отнюдь не эффектная фраза, не ходячая сентенція! Гутезибло—сторонникъ новой морали и новаго воспитанія, чуждаго принужденія и насилія, основаннаго на разумномъ, сознательномъ и самопроизвольномъ сочувствіи всему честному и свѣтлому, независимо отъ преклоненія передъ тѣми или другими кодексами и традиціонными правилами. Изъ своего пріемыша онъ тоже хотѣлъ бы сдѣлать свободнаго, независимаго человѣка, который не можетъ сочувствовать чему-либо низкому, недостойному порочному, прежде всего — изъ уваженія къ самому себѣ и голосу своей совѣсти. Прощаясь съ мальчикомъ, онъ говоритъ между прочимъ: «Продолжай откровенно сознаваться во всѣхъ своихъ слабостяхъ и порочныхъ влеченіяхъ, какъ ты дѣлалъ это при мнѣ, для того, чтбы тѣ, кто пострадалъ по твоей винѣ, простили тебя».

Гутезибло — одинъ изъ глашатаевъ разумнаго воспитанія, выступающихъ въ произведеніяхъ новѣйшей европейской беллетристики. Нужно ли говорить о томъ, что эти благородные, широко смотрящіе на дѣло герои подчасъ оказываются, въ художественномъ отношеніи, гораздо менѣе реальными, чѣмъ представители неправильнаго, уродливаго воспитанія?.. Но ихъ нельзя обойти молчаніемъ, потому что ихъ устами отдѣльные беллетристы пытаются иногда проводить въ публику свои собственныя воззрѣнія на педагогическіе вопросы и задачи истиннаго воспитанія, противопоставляя ихъ жестокости, педантизму и преступному равнодушію. Вотъ нѣсколько примѣровъ этой борьбы за новое воспитаніе, которые мы возьмемъ на этотъ разъ изъ одной французской беллетристики, какъ наиболѣе интересной въ этомъ отношеніи.

Забитый и нравственно искалѣченный въ стѣнахъ лицея, Реймонъ Мартель, герой романа «Душа одного ребенка», отдыхаетъ во время каникулъ въ обществѣ стараго дѣда, привязавшагося къ нему куда больше, чѣмъ родной отецъ. Этотъ дѣдъ является выразителемъ мыслей и идеаловъ самого автора, какъ бы его двойникомъ. Живя въ провинціальномъ захолустьи, онъ до конца своихъ дней остается такимъ же отзывчивымъ, здраво смотрящимъ на жизнь, какимъ былъ въ молодости. Онъ никогда не наказываетъ Реймона, не старается его запугивать, предоставляетъ ему полную свободу и все же добивается послушанія безъ того труда, который приходилось тратить лицейскому начальству для достиженія той же цѣли. Разспрашивая мальчика о томъ, чему ихъ обучаютъ въ лицеѣ, онъ не можетъ скрыть ироніической улыбки, вызываемой на его лицѣ разсказами объ этой безднѣ школьной премудрости,—при полномъ отсутствіи подготовки къ жизни и какихъ-либо практическихъ свѣдѣній. Онъ старается прежде всего пробудить въ душѣ мальчика любовь къ природѣ, къ животнымъ и растеніямъ, что ему вполнѣ удается, и, съ другой стороны, сдѣлать изъ него честнаго, трудолюбиваго и разумнаго человѣка, способнаго вести борьбу съ житейскими невзгодами. Когда Реймонъ послѣ вакацій возвращается въ сумрачныя стѣны лицея, онъ каждый разъ горько плачетъ, слишкомъ хорошо сознавая, несмотря на свой юный возрастъ, разницу между двумя системами воспитанія.

«Вы, кажется, давали сейчасъ урокъ дѣтямъ?» спрашиваетъ одинъ изъ героевъ пьесы «Поляна» у молодой учительницы-энтузіастки, Елены Сурисэ. «О, нѣтъ,—отвѣчаетъ она,—я напротивъ, именно стараюсь не давать имъ настоящаго *урока*. Но мнѣ очень трудно это сдѣлать; такъ какъ я выдержала экзаменъ на званіе учительницы, извѣстная доля педагогическихъ пріемовъ осталась у меня, и отъ нихъ нелегко вдругъ отдѣлаться... Въ данную минуту я учу ихъ разсматривать то, что ихъ окружаетъ: деревья, растенія, цвѣты, животныхъ; я поощряю ихъ предлагать мнѣ вопросы, на которые я отвѣчаю, какъ умѣю».—«И что же, они хорошо относятся къ вамъ, внимательно васъ слушаютъ?»—«Я не могу пожаловаться, у нихъ много доброй воли и привязанности».—«Вы умѣете съ ними обращаться!»—«Я ихъ люблю,—вотъ и все».

Воззрѣнія Елены на задачи воспитанія настолько отличаются отъ ходячихъ взглядовъ окружающаго общества, что она должна выносить немало нападокъ и придирчивыхъ замѣчаній. «Неужели вы думаете,—многозначительно говоритъ одна дама своей знакомой,—что можно назвать настоящими занятіями эти скитанія съ нашими дѣтьми по полямъ въ теченіе цѣлыхъ дней! Мнѣ кажется, что и я сумѣла бы это сдѣлать!» Немного далѣе та же барыня объясняетъ эти продолжительныя прогулки... желаніемъ Елены встрѣчаться съ какимъ-то своимъ поклонникомъ! Въ другой сценѣ она обращается къ самой Еленѣ съ такими словами: «Моимъ дѣтямъ запихиваютъ столько безполезныхъ свѣдѣній въ голову, что не удивительно, если они жалуются на головную боль!»—«Я увѣряю васъ, что требую отъ нихъ только такого умственнаго напряженія, какое имъ по силамъ».—«Скажите лучше прямо, что они глупѣе другихъ», отвѣчаетъ раздраженная женщина, видимо, желающая придраться къ каждому слову учительницы. «Для того, чтобы изъ нашихъ дѣтей вышли честные труженики, вовсе не нужно разсказывать имъ такъ много всякихъ исторій», прибавляетъ другая дама. Такимъ образомъ мы видимъ, что лицамъ, желающимъ разумнѣе и шире взглянуть на дѣло воспитанія, приходится подчасъ выносить нелегкую борьбу съ окружающимъ обществомъ, придерживающимся старыхъ воззрѣній.

Золя въ романѣ «Трудъ» набрасываетъ любопытную картину «воспитанія будущаго», которое должно, въ соединеніи съ измѣнившимися экономическими условіями, создать «новую породу людей», какъ говорили въ XVIII вѣкѣ. Въ той идеальной общинѣ, которую организуетъ Люкъ Фроманъ, воспитанію и обученію удѣляется очень много вниманія. На ряду съ яслями и пріютами для самыхъ маленькихъ дѣтей устроена образцовая школа съ совершенно новою программой. Учителя, преподающіе въ этой школѣ, совсѣмъ не напоминаютъ своихъ предшественниковъ, дореформенныхъ педагоговъ. «Начиная съ перваго класса,—говоритъ авторъ,—гдѣ они получали ребенка, не умѣвшаго даже читать, и вплоть до пятаго, гдѣ они разставались съ нимъ, надѣливъ его общими познаніями, необходимыми для жизни, они всего болѣе заботились о томъ, чтобы поставить его лицомъ къ лицу съ предметами и фактами, дать ему возможность самому почерпать всѣ свѣдѣнія изъ реальной жизни... Чисто книжная наука если не была безповоротно отвергнута, то, по крайней мѣрѣ, была поставлена на подобающее ей второстепенное мѣсто, такъ какъ ребенокъ хорошо изучаетъ лишь то, что онъ видитъ, осязаетъ, понимаетъ безъ чужой помощи. Ученика не заставляли болѣе преклоняться, точно раба, передъ якобы неоспоримыми истинами и передъ тиранническою личностью преподавателя: его собственной иниціативѣ предоставлено было находить ту или другую истину, углубляться въ нее и усвоивать ее... Всѣ наказанія и награды были отмѣнены; никто не разсчитывалъ болѣе ни на угрозы, ни на ласку, чтобы заставить лѣнивыхъ учениковъ работать... Въ сущности, лѣнивыхъ болѣе не существовало,—были только больныя дѣти, плохо понимавшія то, что имъ плохо объясняли,—дѣти, которымъ раньше упорно хотѣли насильственнымъ путемъ вводить въ мозгъ неподходящія къ ихъ способностямъ свѣдѣнія. Для того, чтобы пріобрѣтать хорошихъ учениковъ, нужно было только умѣло пользоваться тою необъятною жаждою знанія, которая таится въ душѣ каждаго человѣка, неистощимымъ любопытствомъ ребенка по отношенію ко всему, что его окружаетъ, выражающимся въ томъ, что онъ безпрестанно обращается ко всѣмъ со своими разспросами. Полученіе образованія перестало быть пыткой,—оно, наоборотъ, стало источникомъ постоянно возобновляющейся радости съ той минуты, какъ его сдѣлали привлекательнымъ, довольствуясь возбужденіемъ дѣятельности ума учениковъ, придавая только извѣстное направленіе его открытіямъ...»

Далѣе мы узнаемъ, что въ этой образцовой школѣ обращено серьезное вниманіе и на физическое развитіе, игры, гимнастику, длинныя прогулки, во время которыхъ дѣтямъ объясняютъ все то, что имъ попадается на пути. Съ другой стороны, въ теченіе второй половины дня, когда мозгъ уже нѣсколько утомленъ, ихъ обучаютъ разнымъ ремесламъ, такъ какъ признается необходимымъ, чтобы каждый ученикъ, покинувъ школу, могъ тотчасъ же заняться какимъ-нибудь ремесломъ. Въ то же время въ дѣтяхъ стараются развивать любовь къ красотѣ, во всѣхъ ея проявленіяхъ, поддерживать эстетическое чувство. Для этого ихъ обучаютъ живописи, скульптурѣ, музыкѣ, пѣнію, пробуждаютъ въ нихъ любовь къ поэзіи.

Нечего и говорить, что оба пола воспитываются въ этой идеальной школѣ вмѣстѣ. «Мальчики и дѣвочки выростали вмѣстѣ, начиная съ ихъ колыбелей, которыя стояли рядомъ, и вплоть до учебныхъ мастерскихъ, которыя они покидали, чтобы жениться, проходя раньше этого черезъ классы, гдѣ они тоже были перемѣшаны, какъ это предстояло имъ и въ жизни, и сидѣли на однѣхъ и тѣхъ же скамьяхъ. *Отдѣлять одинъ полъ отъ другого, воспитывать и обучать ихъ различнымъ образомъ, въ полномъ невѣдѣніи другъ друга, не значитъ ли это — дѣлать ихъ врагами?..*» Въ самомъ концѣ романа мы узнаемъ, что это совмѣстное обученіе двухъ половъ дало блестящіе результаты, усиливъ соревнованіе между учащимися, придавъ душевной мягкости мальчикамъ и рѣшительности — дѣвочкамъ.

Отъ этихъ мечтаній объ отдаленномъ будущемъ перейдемъ опять къ болѣе осязательнымъ, связаннымъ съ реальною дѣйствительностью картинамъ разумнаго, широко понятаго воспитанія. Нельзя не упомянуть здѣсь, напримѣръ, о двухъ романахъ Марселя Прево, носящихъ общее заглавіе «Сильныя дѣвы». Въ этихъ романахъ описывается, между прочимъ, идеальная школа, основанная группой молодыхъ дѣвушекъ, «изъ новыхъ», которыя придаютъ большую цѣну вопросамъ воспитанія и подготовкѣ новаго, культурнаго и сознательно относящагося къ жизни поколѣнія. Несмотря на то, что ихъ дѣятельность не свободна отъ ошибокъ, образцовая школа, которую онѣ основываютъ недалеко отъ Парижа, дѣйствительно является продуктомъ новыхъ идей. Въ ней совершенно упразднены отмѣтки, экзамены, преподаваніе поставлено на болѣе практическую, реальную почву, ученицъ прежде всего готовятъ къ жизни, сообщая имъ тѣ свѣдѣнія, которыя имъ могутъ пригодиться, обучая ихъ различнымъ ремесламъ.

Съ другой стороны, немало вниманія удѣляется выработкѣ у нихъ сильнаго характера, чувства собственнаго достоинства, стремленія къ самостоятельности, трезваго отношенія къ житейскимъ невзгодамъ. Никакого давленія на ихъ умственный міръ, никакого желанія дѣлать изъ нихъ послушныхъ, безотвѣтныхъ автоматовъ!.. Правда, всѣ эти особенности новой школы ставятъ втупикъ и возмущаютъ окружающее общество, желающее жить по-старому и боящееся всякаго рода нововведеній. Въ концѣ концовъ школа должна закрыться въ виду того, что ея враги составили цѣлую коалицію съ тѣмъ, чтобы ее погубить. Но ея основательницы не падаютъ духомъ,—онѣ продолжаютъ вѣрить въ конечное торжество своихъ идей, въ значеніе правильно поставленнаго воспитанія, какъ средства для возрожденія и культурныхъ успѣховъ современной женщины.

«Вы хорошо отвѣтили то, что было задано,—говоритъ въ романѣ г-жи Реваль «Ученицы Севрской школы» начальница этого учебнаго заведенія, подготовляющаго развитыхъ, образованныхъ учительницъ, обращаясь къ одной ученицѣ, талантливой, но очень неглубокой по натурѣ дѣвушкѣ,—однако во всемъ этомъ мало индивидуальнаго... Лучше читайте поменьше, а размышляйте побольше. Не воображайте, что форма можетъ все спасти. Здѣсь вамъ нужно заботиться не только о себѣ, но и о тѣхъ ученикахъ и ученицахъ, которыя у васъ будутъ со временемъ!» Одна изъ помощницъ начальницы, пригласивъ къ себѣ ученицъ, обращается къ нимъ съ пространною рѣчью, желая выяснить имъ свои взгляды и требованія. «Старайтесь оставаться самими собой,—говоритъ она имъ,—старайтесь сохранять свои индивидуальныя черты, свойства, особенности... Не подражайте никому, не думайте, что, являясь отраженіемъ чужого ума, вы произведете лучшее впечатлѣніе. Не питайтесь съ жадностью крохами, падающими со стола другихъ! Думайте, будьте смѣлы, идите все впередъ, даже рискуя ошибиться... Придавайте своей мысли ту форму, которая только вамъ принадлежитъ,—опредѣленную, живописную, колоритную, красноречивую, соотвѣтствующую вашей натурѣ! Мы вовсе не хотимъ придать вамъ всѣмъ одинаковый обликъ; единство въ разнообразіи—вотъ къ чему мы стремимся! Вы должны здѣсь пріучиться дѣйствовать, работать... Направьте свой путь въ сторону какого-нибудь вѣрованія, твердо рѣшившись всегда поступать сообразно съ нимъ. Самая широкая терпимость царитъ въ школѣ. Вы—свободны. Система принужденія сдѣлала бы изъ васъ только слабыя, безпомощныя существа, повинующіяся изъ страха, неспособныя дѣйствовать энергично въ трудныя минуты».

Не всѣ ученицы Севрской школы могутъ, конечно, оцѣнить такое отношеніе къ нимъ. Но среди нихъ есть отдѣльныя, болѣе тонкія и развитыя натуры, которыя подъ вліяніемъ гуманнаго духа, царящаго въ школѣ, становятся лучше, отзывчивѣе, интеллигентнѣе, приготовляются къ своей будущей дѣятельности, часто думаютъ о ней, а послѣ окончанія курса стараются съ такою же терпимостью и любовью относиться къ своимъ ученикамъ и ученицамъ, объявляютъ войну схоластикѣ и системѣ запугиванія, отважно борются съ равнодушіемъ и непониманіемъ общества...

Набрасывая мрачныя, наводящія на много мыслей картины ложнаго, уродливаго воспитанія, обрисовывая жестокость, преступное равнодушіе, вліяніе дурного примѣра и преждевременнаго знакомства дѣтей съ жизнью, современные писатели подчасъ останавливаются такимъ образомъ и на характеристикѣ новыхъ теченій въ сферѣ педагогіи, формулируютъ свои мечты о будущемъ или стараются найти и въ современной дѣйствительности болѣе или менѣе утѣшительныя явленія. Удѣляя иногда довольно много вниманія педагогическимъ вопросамъ, почти всѣ они руководствуются тою мыслью, что дѣти—это граждане будущаго, которымъ, если они будутъ разумно воспитаны, быть-можетъ, суждено извѣдать лучшую участь, пойти впередъ, обогнать своихъ предшественниковъ на поприщѣ мысли и общественной жизни.

Философъ Дюгамель—изъ романа «Новые срубы» Рони—искренно скорбитъ о томъ, что у него нѣтъ дѣтей, именно потому, что онъ вѣчно занятъ мыслями о будущемъ, грезами о возрожденіи человѣчества. «Если бы у меня былъ сынъ,—говоритъ онъ,—я чувствовалъ бы, что живу его прелестью, его удивленіемъ, его живостью, проникаю въ чистую свѣжесть его дѣтства, и самъ точно начинаю жить сызнова. Мысль о смерти не была бы въ такой степени связана съ мыслью о полномъ уничтоженіи... Тотъ интересъ, съ которымъ я отношусь къ судьбѣ міра, моя радость при видѣ того, что Франція и человѣчество идутъ впередъ,—все это еще усилилось бы, стало бы еще опредѣленнѣе, если бы я зналъ, что онъ будетъ также этимъ наслаждаться. О, мой дорогой мальчикъ, какъ бы я хотѣлъ, чтобы это чудо совершилось, чтобы я могъ увидѣть твой чистый взоръ, въ коромъ отразилась бы извѣстная доля моего взгляда!..»

Въ концѣ романа «Парижъ» жена Пьера, Марія, высоко поднимаетъ своего мальчика, чтобы показать ему великій городъ, залитый ослѣпительными лучами солнца, которые его какъ бы окружаютъ величественнымъ ореоломъ, предвѣщая свѣтлое будущее. «Посмотри, Жанъ! Посмотри, мой мальчикъ! вѣдь это ты соберешь всю эту жатву, ты сложишь ее въ житницу!..» Этою вѣрой проникнуты многіе французскіе писатели нашихъ дней. «Когда дѣтская душа,—говоритъ Жанъ Экаръ,—будетъ повсюду изслѣдована, окружена уваженіемъ и любовью, получитъ настоящее воспитаніе, весь міръ долженъ будетъ преобразиться». «Думать о судьбѣ людей, которые будутъ жить послѣ насъ,—въ этомъ единственное утѣшеніе и величіе тѣхъ, кому нужно умирать».

БИБЛІОТЕКА И. ГОРБУНОВА-ПОСАДОВА
ДЛЯ ДѢТЕЙ И ДЛЯ ЮНОШЕСТВА.

Азбука-картинка. Уроки чтенія-письма по наглядно-звуковому способу, первое чтеніе послѣ азбуки и церковно-славянская азбука. Съ листкомъ разрѣзныхъ буквъ. Составили И. Горбуновъ-Посадовъ и Я. Егоровъ. Изданіе вновь переработанное и иллюстрир. Ц. 10 к.

Красное солнышко. Первая книга для чтенія въ школѣ и дома. Составили И. Горбуновъ-Посадовъ и Я. Егоровъ. Съ рис. Ц. 18 к. Изд. вновь испр. и попoлн. И. Горбуновымъ-Посадовымъ и вновь иллюстриров. Красное солнышко съ Азбукой-картинкой. (Въ одной книгѣ.) Ц. 28 к.

Ясная звѣздочка. Книга вторая для чтенія дома и въ школѣ. Составили И. Горбуновъ-Посадовъ и Я. Егоровъ. Съ рисунк. Изд. вновь исправл. и попoлн. И. Горбуновымъ-Посадовымъ и вновь иллюстриров. Ц. 40 к.

Золотые колосья. Третья книга для чтенія въ школѣ и дома. Средній и старшій возрастъ. Составилъ И. Горбуновъ-Посадовъ. Съ 158 рисунками. Изданіе 4-е. Ц. 80 к., въ папкѣ 1 р.

Кругомъ свѣта. Географическая хрестоматія. Пособіе при обученіи географіи въ школѣ и дома. Часть первая. ЗЕМЛЯ—ЖИЛИЩЕ ЧЕЛОВѢКА. Жаркія, умѣренныя и холодныя страны.—Равнины.—Горы.—Рѣки.—Моря.—Нѣдра земли.—Атмосфера. Съ рисунками и чертежами и съ общею картой всѣхъ пяти частей свѣта, съ обозначеніемъ морскихъ теченій. Составили И. Горбуновъ-Посадовъ, Е. Горбунова и В. Лукьянская. Изд. 4-е, вновь просмотр. и иллюстр. Ц. 1 р. 60 к., въ пап. 1 р. 85 к.

Для крошечныхъ людей. Картинки Е. М. Бемъ. Около 70 силуэтовъ. Съ разсказами и стихами, собранными Е. Горбуновой и В. Лукьянской. Ц. 85 к., въ пап. 1 р. 10 к.

Для маленькихъ людей. Картинки Е. М. Бемъ. Около 75 силуэтовъ. Съ разсказами и стихами, собранными Е. Горбуновой и В. Лукьянской. Ц. 1 р. 20 к., въ папкѣ 1 р. 45 к.

Рождественская звѣзда. Сборникъ сказокъ и разсказовъ для дѣтей Ч. Диккенса, В. Гюго, Х. Андерсена, Ф. Коппе и друг. Съ рисунками. Составилъ И. Горбуновъ-Посадовъ. Изданіе 3-е. Ц. 1 р. 20 к., въ папкѣ 1 р. 35 к.

Хижина дяди Тома. Романъ Бичеръ-Стоу. Перев. съ англійскаго Е. Б. Съ приложеніемъ статьи И. Горбунова-Посадова: ОСВОБОДИТЕЛИ ЧЕРНЫХЪ РАБОВЪ. Съ рисунками и портретами. Ц. 1 р. 50 к., въ папкѣ 1 р. 75 к.

Наши звѣрки. Разсказы для младшаго возраста Е. Горбуновой. Съ 6 рисунками въ краскахъ и многими черными рисунками. Обложка въ краскахъ. Цѣна 65 к., въ папкѣ 90 к.

ОТКРЫТА ПОДПИСКА

на новый ежемѣсячный журналъ

„СВОБОДНОЕ ВОСПИТАНІЕ".

Изданіе А. Н. Коншина.

Подъ редакціей И. ГОРБУНОВА-ПОСАДОВА.

Журналъ „Свободное Воспитаніе" имѣетъ своею цѣлью разработку вопросовъ о свободномъ воспитаніи и образованіи, т.-е. такомъ воспитаніи и образованіи, которое основано на самодѣятельности, удовлетвореніи свободныхъ запросовъ дѣтей и юношества и на производительномъ трудѣ, какъ необходимой основѣ жизни.

Въ связи съ этой основной задачей журнала стоятъ слѣдующія задачи: 1) разработка вопроса о реформѣ личной и общественной жизни въ смыслѣ измѣненія самыхъ условій воспитанія, и 2) содѣйствіе защитѣ дѣтей отъ жестокости и эксплоатаціи.

Всѣ эти основныя задачи журнала предполагается разрабатывать по слѣдующей программѣ:

1) Статьи, очерки и корреспонденціи по вопросамъ нравственнаго, умственнаго и физическаго воспитанія, образованія и самообразованія. 2) Статьи, очерки и разсказы изъ семейной, школьной и общественной жизни съ точки зрѣнія интересовъ воспитанія. 3) Статьи объ охранѣ материнства и по воспитанію ребенка въ первые годы жизни. 4) Статьи и очерки по вопросамъ защиты дѣтей отъ жестокости и эксплоатаціи. 5) Статьи о свободно-образовательныхъ начинаніяхъ для взрослаго трудового населенія. 6) Статьи и очерки по ручному труду (земледѣльческому, ремесленному и т. д.). 7) Очерки и статьи по природовѣдѣнію, устройству экскурсій и т. д. 8) Очерки по вопросамъ гигіены дѣтства и юношества. 9) „Изъ книги и жизни"—обзоръ журналовъ, книгъ и газетъ по вопросамъ воспитанія и образованія. 10) Переписка между родителями, воспитателями, учителями и вообще всѣми интересующимися вопросами реформы воспитанія и образованія. 11) Вопросы и отвѣты редакціи и читателей. 12) Библіографія.

По основнымъ идеямъ своимъ журналъ явится продолженіемъ и расширеніемъ „Библіотеки Свободнаго Воспитанія", издаваемой И. Горбуновымъ-Посадовымъ и А. Коншинымъ.

„Свободное Воспитаніе" будетъ стремиться объединить родителей, воспитателей, учителей и вообще всѣхъ сочувствующихъ реформѣ воспитанія и образованія въ указанномъ направленіи и желающихъ совмѣстно для этого работать.

Первый подписной годъ считается съ 1-го сент. 1907 г. по 1-ое сент. 1908 г.

Подписная цѣна: на 1 годъ съ доставкой и пересылкой—**3** руб., безъ доставки въ Москвѣ—**2** р. **50** к.; для народныхъ учителей съ доставкой и пересылкой на годъ—**2** руб.

Подписка принимается: въ Москвѣ: 1) въ редакціи „Свободнаго Воспитанія"— Дѣвичье поле, Трубецкой пер., домъ Осиповыхъ, 2) въ книжномъ магазинѣ „Посредникъ" (Петровскія линіи) и 3) въ конторѣ Н. Н. Печковской (Петровскія линіи).

Гг. книгопродавцевъ просятъ обращаться въ главный складъ изданій „Свободное воспитаніе"- Москва, Дѣвичье поле, Трубецкой пер., д. 10. И. И. Горбунову.

Цѣна **55** коп.

www.ingramcontent.com/pod-product-compliance
Lightning Source LLC
LaVergne TN
LVHW061215060426
835507LV00016B/1939